Noch mehr
HAPPY FOOD

Niklas Ekstedt
& Henrik Ennart

Glückliche Menschen
essen bunt

Fotos: David Loftus
Layout und Illustrationen: Katy Kimbell
Übersetzung: Marie-Luise Schwarz

südwest

1. Auflage

Die Originalausgabe erschien 2018 unter dem Titel »Happy Food 2.0«
(© 2018 Niklas Ekstedt und Henrik Ennart) im Bookmark Förlag, Schweden;
veröffentlicht in Zusammenarbeit mit Nordin Agency AB, Schweden.

Projektleitung: Katharina Schrott
Übersetzung: Marie-Luise Schwarz
Redaktion und Satz: Matthias Liesendahl
Umschlaggestaltung für die deutschsprachige Ausgabe: OH, JA! (www.oh-ja.com)
unter Verwendung zweier Fotos von David Loftus

Reproduktion: JK Morris Production, Värnamo
Druck und Verarbeitung: DZS Grafik d.o.o., Ljubljana

Printed in Slovenia

MIX
Papier aus verantwortungsvollen Quellen
FSC® C106600

Verlagsgruppe Random House FSC ® N001967

Für die schwedische Originalausgabe:
Fotos: © 2018 by David Loftus
Rezepte: Niklas Ekstedt
Rezeptentwicklung: Thomas Eidefors
Grafikdesign und Illustrationen: Katy Kimbell
Repro: JK Morris Production, Värnamo
Druck und Bindung: Livonia Print Ltd., Riga 2018

ISBN: 978-3-517-09869-2
www.suedwest-verlag.de

INHALT

TEIL 2 MAHLZEITEN ALS MUNTERMACHER

Vorwort

Die Beweise häufen sich: Sowohl unsere eigene Befindlichkeit als auch der Zustand unseres Planeten hängen ursächlich mit unserer Ernährung zusammen!

Wer sich von Junkfood mit viel Fleisch, schnell verdaulichen Kohlenhydraten und ohne ballaststoffreiches Gemüse ernährt, dem geht es häufig psychisch schlecht. Und eine solche Ernährungsweise tut auch unserer Erde nicht gut.

Abwechslungsreiches Essen, frisch zubereitet mit viel ballaststoffreichem Gemüse und Vollkorn, trägt dagegen viel dazu bei, dass wir uns munter und energiegeladen fühlen.

Glücklicherweise ist das Essen, das die Seele beruhigt, auch genau das, was sich für Umwelt und Klima, die biologische Vielfalt, eine dauerhafte Lebensmittelversorgung, das Tierwohl und nicht zuletzt auch für unser Herz und den übrigen Körper als das Beste erwiesen hat. Eine klassische Win-win-Situation also, die obendrein noch richtig gut schmeckt.

Auch wenn diese Ernährungsweise für viele selbstverständlich erscheint: Die zentrale Bedeutung der Ernährung und des Magen-Darm-Systems für die Gesundheit ist vor lauter Pillen in den Hintergrund geraten – trotz einer globalen Epidemie von psychischen Erkrankungen.

Während der vergangenen Jahrzehnte wurden Herzerkrankungen, einige Krebsarten, Diabetes sowie Demenz allesamt mit der Ernährung, körperlicher Bewegung und dem Lebensstil insgesamt in Verbindung gebracht.

Dieses Buch will Ihnen helfen, beim immer weiter fortschreitenden wissenschaftlichen Paradigmenwechsel den Überblick zu behalten. Es will verständlich machen, wie Körper und Geist zusammenhängen und dass unsere Ernährung und die Darmflora für beide Bereiche entscheidend sind. Mehrere Entdeckungen, von denen wir berichten werden, sind noch nie außerhalb einer kleinen Gruppe von Forschern öffentlich gemacht worden. Es sind Neuigkeiten, die eine Debatte anstoßen sollen und die alle angehen. Insofern fühlen wir uns ein wenig wie Whistleblower.

Dieses Buch will Ihnen auch Antworten geben auf Ihre Frage: Was kann ich jetzt tun? Was kann ich an einem normal hektischen Werktag kochen, wenn die Kinder hungrig sind?

Wir kümmern uns um Ihre Mahlzeiten, indem wir die allerneuesten Erkenntnisse mit Ihnen teilen und Ihnen als Werkzeug viele köstliche Rezepte an die Hand geben, damit Sie Ihr neues Wissen auch umsetzen können. Wir werden über verschiedene Zutaten nachdenken, und Niklas wird Ihnen verraten, wie er seine widerspenstigen Kinder dazu gebracht hat, gesund zu essen. Na ja, zumindest manchmal.

Wir haben es bereits früher gesagt, aber es lohnt sich, es zu wiederholen: Ihr Dickdarm ist wie ein Reaktortank, in dem es gärt und brodelt. In ihm werden Hormone und Botenstoffe hergestellt, die Ihre Gefühle steuern. Es ist wirklich kein Zufall, dass der Bauch als zweites Gehirn bezeichnet wird.

Das Essen regelt, wie wir uns fühlen, und das geschieht hier und jetzt. Innerhalb von 24 Stunden kann das, was Sie gegessen haben, Ihre Darmflora mit Bakterien, die in Ihren Därmen leben, messbar »ummöblieren«. Sie sind ganz einfach, was Sie essen. Und öfter, als Sie ahnen, fühlen Sie sich auch so, wie Sie essen.

Dank neuer Techniken entwickelt sich die Erforschung unserer Darmflora rasant.

Seit dem Erscheinen unseres vorherigen Buchs *Happy Food* im Jahr 2017 sind mehr als 10 000 neue Forschungsstudien darüber veröffentlicht worden, wie unsere Bakterien uns in unseren tiefsten Tiefen beeinflussen. Das bedeutet, dass ein Viertel des gesamten Expertenwissens auf diesem Gebiet nur ein paar Monate alt ist. Zwei von drei Studien haben maximal drei Jahre auf dem Buckel.

Wir befinden uns mitten in einer permanenten Flut neuer Erkenntnisse. Es zeichnen sich dabei Szenarien ab, die darauf hindeuten, dass Magen und Darm, das Immunsystem, das Gehirn und unser psychisches Wohlbefinden eine zusammenhängende Einheit bilden.

Wenn eine so einfache Sache wie das Essen auf dem Teller zu Epidemien von Fettleibigkeit, Diabetes, chronischen Darmerkrankungen, Glutenintoleranz, Asthma und Nahrungsmittelallergien beiträgt, darf in der Tat keine Zeit verloren werden.

In all diesen Fällen und in vielen anderen auch handelt es sich um Erkrankungen, die mit chronischen Entzündungen in Verbindung stehen und die das Risiko für Angstzustände und Depression zunehmen lassen.

Es gilt, das, was im Kopf passiert, nicht länger von dem zu trennen, was im Körper geschieht. Sogenannte Begleiterkrankungen (Komorbidität) sind eher die Regel als die Ausnahme. Manchmal ist eine psychische Erkrankung ursächlich, ausgelöst vielleicht durch besondere Erlebnisse. Durch die von ihr beeinflusste Immunabwehr wirkt sich die Krankheit dann auf den übrigen Körper aus. In anderen Fällen beginnt es mit körperlichen Beschwerden. Viele der immer häufiger auftretenden Krankheiten fangen mit einer Infektion an.

Die Forschung richtet ihren Fokus zunehmend auf das menschliche Immunsystem, das offenbar Tendenzen zeigt, schwächer zu werden. Und wo sitzt dieses Immunsystem? Heutzutage sind sich die Forscher einig, dass seine Schaltzentrale großteils im Darm zu verorten ist. Das bedeutet, dass die Stimmung, in der Ihr Darm ist, Folgewirkungen auch auf Ihr Allgemeinbefinden hat.

Viele Faktoren beeinflussen Ihr Darmmilieu und damit Ihre Abwehrkräfte. Dazu zählen Stress, schlechter Schlaf und Medikamente, aber am wichtigsten ist die Ernährung. Die Forscher stehen zwar noch am Anfang und beginnen erst, die Zusammenhänge zu verstehen, aber es ist bereits erwiesen, dass die Ernährung unsere Gesundheit wesentlich beeinflusst.

Schon vor unserer Zeitrechnung erkannte man sowohl in den Mittelmeerregionen als auch im Indus-Tal Zusammenhänge zwischen Bauch und mentaler Befindlichkeit. Schon eine leichte Magen-Darm-Erkrankung reicht, um zu fühlen, dass das, was da unten geschieht, akute Angstzustände auslösen kann. Es ist ein vererbtes Gefühl, das von unserer eigenen Immunabwehr abgerufen wird, damit wir uns zurückziehen, Kräfte sammeln und andere nicht anstecken.

Unsere Gefühle entstehen selten durch Zufall, sondern sie haben meist eine berechtigte Funktion.

Die Bakterien scheinen sogar zu einem gefühlten Heißhunger nach Süßem beitragen zu können. Wenn Sie viel Süßes essen, werden beispielsweise Bakterien gefüttert, die dann anfangen, Dopamin zu produzieren. Es sorgt dafür, dass Sie bald Süßigkeiten mit Lust und Wohlbefinden verbinden.

In unserem vorherigen Buch *Happy Food* skizzierten wir einen Überblick über die sich schnell ausbreitende Forschung rund um unsere Darmflora und das, was man Darm-Hirn-Achse nennt.

In *Noch mehr Happy Food*, das Sie gerade in Händen halten, gehen wir tiefer in die Zusammenhänge. In Teil 1 blicken wir weit in die Zukunft, teils fasziniert, teils erschrocken darüber, was uns erwarten könnte. In Teil 2 lassen wir die Theorien hinter uns und geben handfeste praktische Tipps zur Speisenzubereitung und zur Wahl der Nahrungsmittel.

In einer Zeit, in der künstliche Intelligenz bald unsere Gesundheit überwachen könnte, wollen wir auch den Blick hin zu unseren eigenen Erlebnissen und Sinneseindrücken lenken. Hin zu der traditionellen Mahlzeit, dem Beisammensein beim Essen und der Bedeutung einer achtsamen Nahrungsaufnahme mit allen unseren Sinnen.

Während ballaststoffreiche Nahrung dazu beitragen kann, unsere Darmflora und unsere Immunabwehr zu stärken, gibt es andere Dinge, die das Pendel in die Gegenrichtung ausschlagen lassen. Während das ballaststoffarme Junkfood bereits im Dünndarm verdaut ist, sind die nützlichen Mikroben weiter unter im

Dickdarm einer schweren Hungerkur ausgesetzt.

Viel Zucker, raffinierte Kohlenhydrate und stark verarbeitete Lebensmittel im Allgemeinen schaffen den Nährboden für genau die Art von aggressiven Bakterien, die zu einer sogenannten durchlässigen Darmwand und damit einer chronischen Entzündung beitragen können.

Deshalb machen wir nachdrücklich darauf aufmerksam, dass Magen-Darm-Bakterien, die durch die intensive Tierhaltung auf eine bislang viel zu wenig beachtete Weise herangezüchtet werden, zu psychischen Erkrankungen zu führen scheinen. Wir fordern daher die Behörden auf, dringend etwas dagegen zu tun!

Wir interviewen auch Forscher, die vor weiteren Risiken des überhöhten Antibiotikaverbrauchs warnen, die bislang unbekannt waren.

Natürlich ist die Ernährung nicht der einzige Faktor für eine gute Gesundheit – ein soziales Netz, das Gefühl, etwas Sinnvolles zu tun, Sport und eine gesunde Umwelt sind andere –, aber sie ist ein großes und wichtiges Puzzleteil, das man lange übersehen hat.

Unsere Darmflora spiegelt unsere Umgebung wider. Sie zwingt uns, den Blick über uns hinauszurichten. Denn ohne eine intakte Umwelt, die voller Leben steckt und die den Artenreichtum bejaht, können wir nicht ausreichende Lebensfähigkeit in uns selbst erreichen.

Eigentlich ist es sonnenklar: Auf einem kranken Planeten kann man schwerlich wirklich gesund sein.

Das Risiko übertriebener Erwartungen besteht immer, wenn die Wissenschaft neue Tore öffnet. Wenn sich der erste Trubel abgeschwächt hat, liegt die Wahrheit letztlich meist irgendwo zwischen Hype und Baisse.

Die maßlos überzogenen Erwartungen, die die Erforschung der menschlichen Erbmasse auslöste, sind noch heute vielen Forschern mahnend in Erinnerung.

Vor zwanzig Jahren hieß es, dass die Gentechnik bald alle Probleme lösen würde. Diesmal schrauben die Forscher ihre Prognosen eher herunter. Nicht zuletzt, um der Probiotikaindustrie keine Steilvorlage zu liefern, die lieber heute als morgen Gewinne einstreichen würde.

Und seien Sie sich nicht so sicher, dass es immer Ihre eigenen Bedürfnisse sind, die befriedigt werden wollen, es können genauso gut Ihre Mikroben sein, die noch mehr Appetit haben, wenn Sie hungrig sind!

Deshalb haben wir den goldenen Mittelweg gesucht. Die Wirklichkeit ist auch so fantastisch genug. Wir sind nicht in erster Linie an Kapseln mit lebenden Bakterienkulturen interessiert.

Genau wie all die Forscher, mit denen wir gesprochen haben, wollen wir uns für gute, ballaststoffreiche und auch für gesäuerte Nahrungsmittel starkmachen, die Sie und Ihre Billionen Bakterien satt und zufrieden machen können.

Und seien Sie sich nicht so sicher, dass es immer Ihre eigenen Bedürfnisse sind, die befriedigt werden wollen, es können genauso gut Ihre Mikroben sein, die noch mehr Appetit haben, wenn Sie hungrig sind!

Trotz der neuen wissenschaftlichen Erkenntnisse, die wir präsentieren, müssen Sie natürlich zum Arzt gehen, wenn Sie krank sind. »Lagom« ist ein uraltes schwedisches Wort, das »nicht zu viel und nicht zu wenig« bedeutet. Vielleicht stammt es noch aus der Zeit vor den Wikingern, als die Schüsseln rund um das Herdfeuer herumgereicht wurden und die Menschen lernen mussten, nur so viel zu nehmen, dass es für alle reichte.

Wir finden, dass »lagom« eine überaus treffende Beschreibung dafür ist, was gesundes Essen und einen gesunden Lebensstil ausmacht. Der Schlüssel zu einer guten Ernährung ist, so abwechslungsreich wie möglich zu essen, sich nicht zu extremen Essgewohnheiten oder Körperidealen hinreißen zu lassen oder nur einige wenige Superfoods in sich hineinzustopfen.

Essen ist – genauso wie das Leben selbst – etwas, das man genießen sollte. Keinesfalls aber sollte man davor Angst haben. Von gesundem und gut zubereitetem Essen kann man gar nicht zu viel haben. Essen ist nicht nur ein Mittel, es ist ein erstrebenswertes Ziel für sich.

Niklas Ekstedt ist einer der bekanntesten Sterneköche Schwedens. Mithilfe seines herausragenden Wissens über traditionelle Kochkunst war es möglich, die allerneuesten wissenschaftlichen Erkenntnisse in köstliche und innovative Gerichte einfließen zu lassen, die jeder nachkochen kann. Niklas war maßgeblich daran beteiligt, der skandinavischen Küche in der internationalen gastronomischen Szene Geltung zu verschaffen. Er hat auch in zahlreichen Fernsehformaten mitgewirkt.

Henrik Ennart ist ein mehrfach ausgezeichneter Journalist und Autor. Während der vergangenen 15 Jahre hat er als Wissenschaftsjournalist für die Tageszeitung *Svenska Dagbladet* sowie in Büchern und für das Fernsehen über Essen, Gesundheit und das Altern geschrieben. In mehreren Artikelserien hat er die Verflechtungen zwischen schwelenden chronischen Entzündungen und physischen sowie psychischen Erkrankungen unter die Lupe genommen. In den letzten Jahren hat Henrik sich in die Forschung rund um die Darmflora vertieft und in diesem Zusammenhang an mehreren internationalen Konferenzen zu diesem Thema teilgenommen. Während zahlreicher Reportagereisen interviewte er führende Forscher auf diesem Gebiet in der ganzen Welt.

Zusammen haben wir das Buch *Noch mehr Happy Food* gemacht, das rund 50 Rezepte für Gerichte umfasst, die sowohl schmackhaft als auch heilsam sind, und zwar nicht nur für den Körper, sondern auch für die Seele.

Das Geheimnis besteht darin, dass das Essen, welches eine gesunde und multikulturelle Mikrolandschaft in Ihrem Darm erzeugt und erhält, die Vielfalt dieser Darmflora widerspiegelt. Diese Art von Essen kann einfach zubereitet werden, ist bunt und abwechslungsreich und schmeckt köstlich! Wir nennen es *Happy Food*!

Fakten: Mikroben

Die Darmflora besteht aus verschiedenen Arten von Mikroorganismen, den Mikroben. Dazu zählen Bakterien, aber auch Pilze, Archaebakterien, Parasiten und zahllose Viren, die sich alle gegenseitig beeinflussen. Dominant sind dabei die Bakterien, die bislang auch am besten erforscht sind.

UNS GEHT ES SO GUT WIE UNSEREM PLANETEN

Hinweis zu den Rezepten:
In Skandinavien ist es üblich, auch die Menge fester Zutaten in Milliliter (ml) oder in Deziliter (dl) anzugeben. Das ist praktisch, und das Abmessen funktioniert mit jedem bei uns gebräuchlichen Messbecher, der über eine Milliliterskala verfügt. Für die echten Skandinavienfans unter den Köchen sind die landestypischen Messlöffel mit Milliliter- und Deziliterangaben auch bei uns erhältlich.

Teil 1

Alles fängt im Darm an. Mit jedem Tag, der vergeht, wissen wir mehr über unser internes Ökosystem. Wir erkennen, wie die Ernährung uns langfristig beeinflusst und wie die äußere Umwelt mit unserem inneren Milieu zusammenspielt. Immer neue Forschungsergebnisse strömen herein. Wir sondieren daraus die neuesten Nachrichten über die Bedeutung der Darmflora für unser Wohlbefinden sowie über die veränderten Bedingungen für das, was und wie wir essen. Außerdem berichten wir, wie man seine Darmflora bestmöglich pflegt. Dem folgen viele köstliche Rezepte, die nicht nur unser psychisches Befinden verbessern, sondern sogar unser Leben verlängern können!

VÖLLIG NEUE ERKENNTNISSE

KAPITEL 1

Eine Einsicht, die alles auf den Kopf stellt

Man wird leicht pathetisch, wenn es um die fantastischen aktuellen Entdeckungen geht, die sich um unsere Darmflora ranken. Zu Beginn dieses Buches heben wir deshalb zu einem Gedankenflug rund um unseren Platz im Universum etwas ab: Woher kommen wir? Wo sind wir? Wohin gehen wir? Aber nur Geduld! Allmählich nähern wir uns dann dem Essen, den Zutaten und all den leckeren Rezepten von Niklas.

Wenn Sie wie Bertolt Brecht der Meinung sind, »erst kommt das Fressen, dann kommt die Moral«, dann können Sie das Buch ja von hinten durchlesen und wir treffen uns irgendwo in der Mitte. Das geht auch. Ansonsten legen wir jetzt los!

Während der letzten tausend Jahre sah sich die Menschheit mehrfach mit umwälzenden Erkenntnissen konfrontiert, die oft nur gegen massiven Widerstand als Wahrheit etabliert werden konnten, etwa, dass die Erde nicht der Mittelpunkt des Universums ist.

Nun müssen wir eine geradezu revolutionäre Tatsache schlucken, die offenbar ähnlich schwer zu verdauen ist. Die neue Einsicht besagt, dass wir nicht länger einen Anspruch darauf haben, wir selbst zu sein. Sowohl ich, Henrik, als auch Sie als Leser sind nur zu einem kleinen Teil selbstständige, abgrenzbare Individuen. Denn wir sind Teile eines persönlichen Ökosystems. Oder geradezu mehrerer.

Wenn ich in den Spiegel schaue, sehe ich nur zu 43 Prozent mich selbst. Ausgehend von der Gesamtanzahl unserer Zellen befindet sich rund die Hälfte dessen, was wir mit uns herumschleppen, in unserer Bakterienflora. Die Mehrzahl davon findet sich im Darm, insbesondere dem Dickdarm, aber die Bakterien bevölkern auch den Mund und die Nase und sitzen in allen Ritzen der Haut. Ihre Zahl beträgt ungefähr 40 Billionen und kann auf jedem Gramm Schleim, der die Innenseite Ihres Dickdarms auskleidet, mit Milliarden beziffert werden.

Zusammen wiegen sie rund 1,4 Kilogramm, ungefähr genauso viel wie Ihr Gehirn. Obendrein tragen unsere Mikroben bis zu 99,9 Prozent aller unserer genetischen Anlagen, und in Wahrheit übernehmen sie in sehr vielen Fällen die ganze »Arbeit« für uns.

Größtenteils kümmern sich die Mikroben um unseren Stoffwechsel. Sie stellen die Vitamine und Fettsäuren her, die wir benötigen, sie können alle Botenstoffe und Hormone produzieren, die unser Gehirn braucht, und es sind auch unsere Mikroben, die wesentlichen Anteil daran haben, Nährstoffe aus dem Essen abzubauen, das wir zu uns nehmen, und Energie daraus zu gewinnen.

Ungefähr ein Drittel aller natürlich vorkommenden Stoffe, die in unserem Blutkreislauf zirkulieren und so auf unterschiedliche Art zu lebenswichtigen biologischen Prozessen beitragen, werden von unseren Mikroben hergestellt.

Mit nur rund 23 000 Genen in unserer eigenen Erbmasse sind wir Menschen ziemlich einfache Gebilde. Normaler Winterweizen hat beispielsweise fünfmal so viele Gene. Ein großer Teil unserer Eigenschaften sitzt stattdessen einprogrammiert in unserer Bakterienflora. Diese beinhaltet bis zu tausendmal mehr Anlagen als wir selbst, genauer gesagt um die 20 Millionen Gene.

Weil ein Bakterium normalerweise ungefähr zwölf Stunden lebt, bis es sich teilt, kann man mit Fug und Recht behaupten – zumindest auf genetischer Ebene betrachtet –, dass wir jeden Morgen als neue Menschen erwachen.

Während unsere eigene Erbmasse eher stur und schnellen Umstellungen abgeneigt ist, ermöglichen vor allem die Mikroben dem menschlichen Organismus, sich vergleichsweise schnell den unterschiedlichsten Einflüssen und Veränderungen unserer Umwelt anzupassen.

Noch viele Jahre lang werden Wissenschaftler forschen müssen, um dieses unerhört komplexe Zusammenspiel zwischen unseren eigenen Genen und denen der Mikroben in Gänze zu verstehen. Aber schon jetzt steht fest, dass wir uns Myriaden chemischer Prozesse von ihnen borgen können – Prozesse, die so nicht unsere eigene DNA belasten müssen.

Der Einfluss der Bakterien auf uns ist enorm. Sie wirken bei praktisch allen Entwicklungsprozessen des menschlichen Organismus mit, von unserer Körperform über das Gehirn bis hin zu unserem Verdauungssystem und dem Skelett. Sie beeinflussen Gefühle wie Hunger, Begierde und Angst, und sie tragen dazu bei, unser Verhalten und unsere Persönlichkeit herauszuarbeiten.

Diese Einsicht stellt alles auf den Kopf. Um zu verstehen, was in der Seele passiert, wie es uns gut geht und wann wir positive Lebensenergie verspüren, dürfen wir nicht länger nur ganz oben im Gehirn suchen. Ein Großteil der Antwort findet sich stattdessen viel weiter unten, im Bauch.

Dazu kommt die ganz entscheidende Bedeutung der Mikroben für unser Immunsystem, bei dem sie unwillkommene Bakterien und Viren attackieren, Giftstoffe neutralisieren können und federführend unsere eigenen Immunzellen anweisen. Diese wechselseitige Abhängigkeit – oder Symbiose – ist eigentlich gar nicht so erstaunlich.

Milliarden Jahre vor uns existierten bereits Bakterien auf der Erde. Auf bakteriellem Zellniveau gab es immer ein selbstverständliches Geben und Nehmen. Bakterien leihen einander gesunde Eigenschaften, sogar auch lebenswichtige, und in diesem Geist konnten sich der Mensch und andere höher entwickelte Tiere entwickeln. Sie benötigen uns, und wir benötigen sie.

Es gibt also ganz einleuchtende Gründe dafür, uns selbst nicht länger als einzelne Individuen zu sehen, sondern uns stattdessen ab sofort als Ökosysteme zu betrachten.

Die Forscher haben sogar einen Begriff dafür: *Holobiont*. Er beschreibt allgemein eine ökologische Einheit, die aus vielen unterschiedlichen Arten besteht, und auch das biologische System, das wir Menschen und unsere Mikroben bilden – eine »multi-species ecological unit«, wie es im Englischen heißt.

Der Bauch wird manchmal als das zweite Gehirn bezeichnet, aber evolutionär betrachtet verhält es sich genau umgekehrt. Wenn wir ganz weit zurückgehen, stammen wir von Mikroben ab, die nicht viel mehr als ein Stäbchen waren: ein mikroskopischer Verdauungskanal, umgeben von einem Nervensystem.

Das Gehirn im Kopf tauchte später auf, und erst zum Schluss entwickelten sich jene funktionalen Regionen, die es uns Menschen ermöglichen, selbstständig Beschlüsse zu fassen. Eine frühe Hirnfunktion aller Lebewesen ermöglichte es ihnen ähnlich wie ein GPS, zu jenen Stellen zurückzufinden, an denen es Futter gab. Hierbei muss es sich wohl um eine fürs Überleben entscheidende Befähigung gehandelt haben, die – im übertragenen Sinn – erklärt, warum wir Menschen heutzutage so häufig exakte Erinnerungen an Orte haben, an denen wir die besten Mahlzeiten unseres Lebens genossen haben. Ich selbst kann zum Beispiel nie jene unglaublich gute Grapefruit vergessen, die ich für einen Peso während einer bald 30 Jahre zurückliegenden Reportagereise unterwegs im südlichen Mexiko gekauft habe. Wenn ich die Augen schließe, sehe ich den Platz noch heute vor mir.

In diesem biologischen Vorgängermodell von Google Maps wird die Information vom Bauch über den Vagusnerv ins Hirnzentrum geschickt. Auch Tiere sind dazu imstande; der Instinkt oder das Bauchgefühl scheinen der Anfang unserer menschlichen Erinnerung zu sein.

Einige Forscher gehen so weit zu behaupten, dass unser Sozialverhalten in nicht unerheblichem Maß durch Bakterien entwickelt und durch sie reguliert wurde, weil sie sich leichter in anderen Individuen vermehren konnten. Nach Meinung dieser Wissenschaftler sind wir eine Art Raumschiff, das hinsichtlich Wachstum und Verbreitung an die Bedürfnisse der Mikroben angepasst und entsprechend designt wurde. Das würde erklären, warum die Mikroben sowohl unsere Launen als auch unsere Begierden und also auch unseren Lebensstil beeinflussen. Dabei handelt es sich natürlich nicht um eine bewusste Steuerung, sondern um ein evolutionäres Resultat des permanenten Überlebenskampfes der Mikroben.

Wir sind also ein Ökosystem – aber in Wirklichkeit nicht nur eines, sondern mehrere über jeweils begrenzte Stellen verteilt, wie in der Mundhöhle, der Nase, den Achselhöhlen, der weiblichen Vagina, im Bauch und an Haut und Füßen. Wir haben unterschiedliche Ökosysteme an den Eckzähnen und an den Schneidezähnen, und sogar das an der Vorderseite eines Zahns unterscheidet sich von jenem an seiner Rückseite zur Zunge hin. Diese begrenzten Bakterienmilieus entstehen in frühester Kindheit und bleiben ein Leben lang erhalten.

In vielerlei Hinsicht sind die in unserem Körper angesiedelten Mikroben unsere treuesten Freunde. Beim Zähneputzen werden jedes Mal Milliarden von ihnen weggespült, aber Hunderttausende bleiben auf jedem Zahn haften und fangen schnell wieder an, sich zu vermehren. Wenn wir aber unsere Zähne nicht gründlich genug putzen, dann schließen die Bakterien sich als Plaque dicht zusammen, die der Zahnarzt später mühsam von unseren Zähnen ablösen muss.

Einige Teile der Mikroorganismen siedeln in dem sechs Meter langen Dünndarm, in dem das meiste Essen von körpereigenen Enzymen abgebaut wird. Aber die allermeisten Mikroben halten sich im Dickdarm auf, wo sie sich über das schwer verdauliche Material hermachen, das übrig geblieben ist und von hier aus entsorgt werden muss. Im Dickdarm vermehren sich verschiedene Bakterien munter, je nachdem, was Sie ihnen als Nahrung vorsetzen. Selbst danach besteht 60 Prozent des Trockengewichts dessen, was in der Toilette landet, aus Mikroben. Rein mathematisch fühlt man sich also nach einem Toilettenbesuch mehr als Mensch.

So wie die Umwelt um uns herum angesichts mehr oder weniger gravierender Veränderungen ständig unter Druck steht, ist auch der fermentierende, Gase aussondernde Mikrokosmos in uns auf mindestens die gleiche Weise ernsthaft herausgefordert.

Nicht nur Tiger und Nashörner sind vom Aussterben bedroht und im Begriff, für immer und ewig von der Erdoberfläche zu verschwinden. Tief in uns selbst verwelken und verschwinden unsere Begleiter, die uns von Anbeginn der Zeiten Gesellschaft geleistet haben, noch ehe wir wussten, dass es sie gab, und noch weniger, für was es sie gab.

Während Menschen mit einem urbanen, westlichen Lebensstil ungefähr 600 bis 1000 verschiedene Mikrobenarten in ihrem Darm mit sich herumtragen, sind es bei Menschen indigener Ethnien, etwa solcher im Amazonasgebiet oder im südostafrikanischen Malawi, fast doppelt so viele, häufig bis zu 1600 Sorten Darmbakterien. Darüber hinaus finden sich im Organismus dieser Menschen viele uns völlig unbekannte Arten. Der Grund hierfür ist einfach: Diese indigenen Volksgruppen ernähren sich wesentlich abwechslungsreicher als wir von den verschiedensten Früchten, Gemüsesorten und Kräutern.

Die scheinbar enorme Auswahl, die uns ein normaler Supermarkt präsentiert, ist nämlich größtenteils eine Chimäre. Wer genauer auf die Liste der Inhaltsstoffe von Produkten schaut, trifft ständig auf dieselben Grundzutaten wie Weizen, Mais, Soja, Reis, Zucker und Palmöl.

Diese Lebensmittel dominieren inzwischen fast weltweit den Markt. Dreiviertel des gesamten Essens, das wir auf der Erde konsumieren, stammt von zwölf Pflanzen- und fünf Tierarten, wie eine große Studie 2016 aufdeckte.

Als Forscher Mäuse mit diesem einseitig ballaststoffarmen, westlichen Essen fütterten, das vorwiegend aus gesättigten Fetten, Fleisch und schnellen Kohlenhydraten bestand, wurde die Artenvielfalt in der Darmflora der Mäuse auffällig dezimiert. Diese Abnahme wurde dann über vier Mausgenerationen weitervererbt. Jede ausgestorbene Art kann im schlimmsten Fall eine auf ewig verloren gegangene Fähigkeit bedeuten.

Im übertragenen Sinn bedeutet das: Die Wahrscheinlichkeit, dass Mikrobenarten, die der Menschheit in ihrer langen Entwicklungsgeschichte beim Überleben geholfen haben, inzwischen verschwunden sind, ist groß. In einigen Fällen handelt es sich vielleicht um marginale Fähigkeiten, ohne die wir dennoch zurechtkommen, vergleichbar etwa mit Omas vererbtem Taufkleid: Man freut sich über den Besitz, trägt es aber nie – und letztendlich ist es entbehrlich.

In anderen Fällen kann es sich aber um den Eckpfeiler unserer Immunabwehr handeln, der immer da war und auf den wir uns verlassen konnten. Die verloren gegangene Mikrobe barg vielleicht die Fähigkeit, uns gegen ein natürliches Gift zu schützen, oder half unserem Organismus, eine bestimmte Komponente im Essen abzubauen.

Ein Beispiel sind Kohlenhydrate. Während unsere eigenen Gene uns lediglich zur Herstellung von 17 Enzymen befähigen, die vor allem einfache Zuckerarten abbauen, können verschiedene Darmbakterien darüber hinaus fast weitere 16 000 Enzyme beitragen, die komplexe Kohlenhydrate abbauen.

Je nachdem, welche Bakterien wir zufällig in uns tragen, können wir also völlig verschiedene Voraussetzungen haben, um kohlenhydratreiches Essen zu verdauen. Später werden wir unsere Darmflora näher betrachten und sehen, wie sie uns auch noch auf andere Art und Weise ganz individuelle Voraussetzungen bietet, verschiedene Nahrungsmittel zu tolerieren. Entsprechend können die Mikroben auch darüber entscheiden, wie Ihr Körper auf Medikamente reagiert, die der Arzt Ihnen verordnet hat.

Angesichts dieser Fakten verwundert es nicht, dass die Anzahl der verschiedenen Arten von Darmbakterien ein zuverlässiger Indikator für den individuellen Gesundheitszustand ist. Je mehr Arten innerhalb einer gesunden Darmflora im Gleichgewicht leben, umso besser. Darüber scheinen sich mittlerweile alle Forscher einig zu sein.

So gut wie jede Krankheit, physischer wie psychischer Natur, kann mit einem verminderten Artenreichtum im Darm in Verbindung gebracht werden, auch wenn die exakten ursächlichen Mechanismen noch nicht ganz erforscht sind.

Genau so, wie die biologische Vielfalt in der Ostsee oder auf einem Acker in Monokultur abnimmt, steigt das Risiko für einen Kollaps im verarmten Ökosystem des eigenen Bauches. Wenn eine einzelne Spezies in freier Natur ausgeschaltet wird, gibt es immer eine Art in der Nähe, die die Leerstelle füllen kann. Aber in einem bereits angeschlagenen Ökosystem besteht das Risiko, dass das

Gleichgewicht verloren geht. Wenn einzelne Arten freien Spielraum erhalten und sich explosionsartig vermehren können, entsteht leicht ein Ungleichgewicht. »Explosion« ist in diesem Zusammenhang eine Untertreibung. Wenn es etwas gibt, was Bakterien können, dann sich zu vermehren. Wenn ein einzelnes Bakterium sich frei entwickeln dürfte und sich alle 20 Minuten teilte, würde seine gesammelte Masse bereits nach zwei Tagen dem halben Erdball entsprechen.

Das hört sich unglaublich an, aber rechnen Sie doch selbst nach. Das einzige Hindernis für die Mikroben ist dabei der Mangel an entsprechenden Nahrungsmengen und die ständige Konkurrenz auf Leben und Tod mit anderen Mikroben. Diese »brutale« Balance schafft Stabilität und hilft uns, gesund zu bleiben. Welche Friedenstruppen können wir dabei einsetzen? Sicher verwundert es Sie nicht mehr, wenn wir verraten, dass die Mahlzeiten und das Essen auf Ihrem Teller diese Rolle erfüllen können. Bald werden Sie verstehen, wie all das zusammenhängt.

Wildkräuter-Salat mit Olivenöl und Haselnüssen

Unzählige gesunde Kräuter werden unverdientermaßen als »Unkraut« verdammt. Dazu zählen die Vogelmiere – angeblich das häufigste Wildkraut in Schweden – und der Giersch, den viele fürchten wie die Pest. Die Süßdolde mit ihrem leichten Anisgeschmack ist nicht so leicht zu finden, am besten sucht man in alten Gärten nach ihr. Aber rund ums Haus gibt es mehr Wildkräuter, als Sie ahnen.

1 Bund Wildkräuter, z.B. Vogelmiere, Süßdolde, Giersch
2 EL Olivenöl
½ EL Sherry- oder Rotweinessig
Salz
5–6 geröstete Haselnüsse

1. Die Wildkräuter verlesen und in kaltem Wasser waschen.
2. In einer Salatschleuder trocknen oder mit einem Küchentuch trocken tupfen.
3. Mit Olivenöl, Essig und Salz vermengen.
4. Mit grob geriebenen oder gehackten Haselnüssen bestreuen.

Tipp: Sammeln Sie ausschließlich wilde Pflanzen, die Sie sicher identifizieren können!

Junges Gemüse mit Möhrendip

Entdecken Sie frisches, junges Gemüse! Probieren Sie immer wieder Neues aus! In jeder Sorte und jeder Geschmacksrichtung stecken andere gesunde Stoffe.

300 g Möhren
100 ml Wasser
2 EL Chiasamen
3 EL kalt gepresstes Rapsöl
1 TL Essig
Salz
2–3 Bund junges Gemüse, z.B. Fenchel, Möhren, Spargel, Salat, Radieschen, Wildkräuter etc.

1. Die Möhren schälen und raspeln. Mit dem Wasser verrühren.
2. Chiasamen hinzugeben und weiter vermengen, bis eine homogene Masse entsteht.
3. Weiter rühren und dabei das Öl in einem gleichmäßigen Strahl hineingießen.
4. Mit Essig und Salz abschmecken.
5. Die Gemüsesorten waschen, falls nötig auch schälen. Als Rohkost zusammen mit dem Dip servieren.

Rohe Kürbis-Ingwer-Suppe

Ganz ehrlich: Wir sind diese ewigen Shots langsam leid. Warum bereitet man nicht einfach ein gutes Essen zu, bei dem die Geschmacksknospen und das Immunsystem gleichermaßen angeregt werden? Zum Beispiel diese wunderbar schmeckende Suppe voller guter Ballaststoffe und mit entzündungshemmendem Ingwer und Kurkuma, die die Abwehrkräfte stärkt.

4 Portionen

500 ml Butternut-Kürbis, geraspelt
2 Knoblauchzehen
3 cm Ingwer
2 cm frische Kurkuma (oder 1 TL in Pulverform)
300 ml Wasser
1 TL Kreuzkümmel, gemahlen
1 TL Koriandersamen, gemahlen
1 EL Zitronensaft
2 EL natives Kokosöl
1 TL Salz
65 g Cashewkerne

1. Kürbis, Knoblauch, Ingwer und Kurkuma schälen. Alles grob raspeln und in einen Topf geben.
2. Wasser hinzufügen und auf 40 °C erwärmen.
3. Topf vom Herd nehmen, zudecken und 30 Minuten stehen lassen.
4. Topfinhalt in einen Standmixer umfüllen und pürieren.
5. Gewürze, Zitronensaft, Kokosöl und Salz zugeben und nochmals 1 Minute mixen.
6. Cashewkerne hinzufügen und zu einer glatten, cremigen Konsistenz mixen.
7. Nach Wunsch mehr Cashewkerne hinzufügen oder auch mit mehr Salz, Zitronensaft und Gewürzen abschmecken.
8. Warm servieren.

Tipp: Sie benötigen hierfür einen starken Mixer!

GESTATTEN: IHRE DARMFLORA

KAPITEL 2

Neueste Nachrichten!

Wir befinden uns mitten in einer biologischen Revolution. Im Lauf von wenigen Jahrzehnten werden sich unsere Erkenntnisse über uns selbst, unsere Gesundheit und wahrscheinlich auch über unser Altern grundlegend verändert haben. Das Wissen über unsere Darmbakterien ist ein Teil davon.

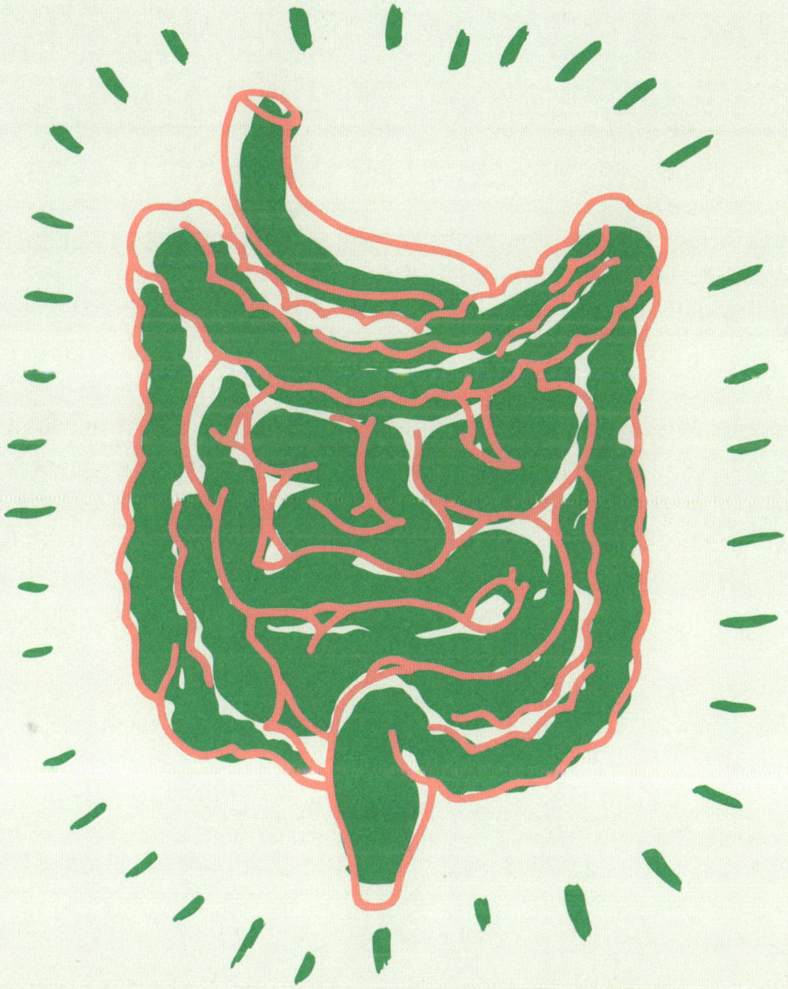

Eine der neuen Erkenntnisse für uns ist, dass wir uns wie Landwirte um unsere Darmflora kümmern und sie mit all ihren unterschiedlichen Bakterien, Viren, Archaebakterien, Hefepilzen, Bakteriophagen und manchmal auch Parasiten und anderen Organismen bewirtschaften können.

Mit Hunderten von unterschiedlichen Arten erreicht die Darmflora bereits im Alter von drei Jahren für jedes Individuum eine so einzigartige Balance, dass sie mit einem individuellen Fingerabdruck vergleichbar ist. Trotzdem versuchen alle unsere Darmfloren, im großen Ganzen dieselben biologischen Funktionen auszuführen. Je mehr Bakterien aber nach und nach ausgeschaltet werden, desto schwerer fällt es der Darmflora, ihre Funktionalität aufrechtzuerhalten.

Obwohl alle ihre individuelle Darmflora haben, die ihr eigenes Gleichgewicht findet, gibt es dennoch einen Kern von etwa 40 verschiedenen Bakteriensorten, die häufig vorhanden sind und eine Art Basis für die menschliche Spezies bilden.

Wenn wir eine Spezialbrille aufsetzen könnten, mit der wir alle Mikroben um uns herum sähen, würden wir schnell merken, dass dieser Typ eines gegenseitig wirkenden, stabilen Ökosystems praktisch jede Fläche der Erde bedeckt. Ein eindrucksvolles Beispiel dafür: Wenn Sie im Sommer Ihren Fuß auf einen glatten Stein setzen, der mit glitschigen Algen am Rand eines Gewässers bewachsen ist, dann ist der ganze Stein mit einem dünnen Belag aus Mikroben bedeckt, ähnlich denen in unserem Darm.

In jedem Krümel Erde gibt es Milliarden Bakterien: Einige leben mehrere Kilometer tief im Berg, andere schweben durch die Luft, einige Mikroben können im Weltraum überleben und waren vielleicht diejenigen, die zuerst das Leben auf unseren Planeten brachten. Einige Forscher hatten nichts Besseres zu tun, als auszurechnen, dass allein die Menge der Viren in den Weltmeeren der Masse von 175 000 Blauwalen entspricht.

Sogar unsere Haut und unser Inneres werden von einem schützenden mikrobiellen Film bedeckt. Dieser sieht an den verschiedenen Stellen ganz unterschiedlich aus. In den Achselhöhlen und auf der Stirn haben Sie viele Bakterien, aber nur wenige Arten. Auf den Händen ist es umgekehrt: weniger Bakterien, aber massenweise verschiedene Arten.

Die Bakterienflora der rechten und der linken Hand ist so unterschiedlich – aber trotzdem stabil – , dass man leicht messen könnte, mit welchem Finger ich die Tasten auf meinem Laptop gedrückt habe, indem man Proben von den Tasten entnimmt.

Wir wandern in einer privaten Wolke, in der wir ungefähr 35 Millionen Bakterien in der Stunde freigeben, größtenteils über die Haut und aus dem Mund. Kein Wunder also, dass bereits in der TV-Serie *CSI: Miami* auf Grundlage von bakteriellen Spuren der bzw. die Täter ermittelt wurden.

Und ja, die Unterschiede der Mikroben auf der Haut erklären, warum einige als Jugendliche stärker Akne bekommen und warum manche von uns leichter von Mücken gestochen werden als andere. Verschiedene Hautbakterien locken verschiedene Mückenarten zu verschiedenen Körperteilen. Die häufigste Malariastechmücke wird zum Beispiel am meisten von den Händen angezogen.

Indem die Hautbakterien sich niederlassen und so Hefepilze und andere aggressive Mikroben daran hindern, dominant zu werden, erweisen sie uns wahrscheinlich den größten Nutzen. Bei Ekzemen oder der Hautkrankheit Psoriasis ist die Bakterienflora der Haut in der Regel verändert oder ausgedünnt. Neue Forschungsergebnisse deuten auch darauf hin, dass bestimmte Hautbakterien eine schützende Wirkung gegen Hautkrebs haben. Im Jahr 2018 wiesen chinesische Forscher darauf hin, dass Großstadtmenschen einen ausgedünnten und zudem weniger vielfältigen Satz Hautbakterien haben als diejenigen, die auf dem Land oder in Kleinstädten leben. Die Forscher zogen daraus die Schlussfolgerung, dass diese Einschränkungen vielleicht eine Ursache für die wachsenden Probleme mit Ekzemen und Hautkrankheiten sein könnten.

Schweiß ist gut für die Haut

Schweiß scheint zu guter Gesundheit beizutragen, denn er bietet Nahrung für natürliche und gesunde Hautbakterien.

Unser Schweiß enthält ziemlich viel Ammoniak und Nitrat und zieht daher eine bestimmte Sorte Bakterien an, die davon leben. Sie wandeln den Schweiß in Nitrit und Stickstoffmonoxid um, die schnell von der Haut aufgesaugt werden. Diese Stoffe helfen uns, sowohl den Blutdruck als auch das Immunsystem zu regulieren. Da diese Hautbakterien aber äußerst empfindlich auf antibakterielle Mittel wie Triclosan reagieren, sind sie in den einkommensstarken Ländern in hohem Grad ausgestorben.

Quelle: WHO-Rapport zur biologischen Vielfalt (2015)

Zucchinisalat mit Minze und Zitrone

Ein frischer, schneller Salat mit einer herrlich aromatischen Mischung aus Minze und Zitrone. Wie viele andere Kräuter steckt Minze voller Vitamine, Mineralien und anderen gesunden Stoffen. In vielen Kulturen verwendet man Kräuter in rauen Mengen, geizen Sie deshalb nicht damit.

4 Portionen

1 Zucchini
1 TL Salz
1 Bio-Zitrone
2 EL Olivenöl
4–8 Minzeblättchen oder essbare Blüten

1. Die Zucchini mit einer Mandoline, einem Käsehobel oder einem scharfen Messer längs in dünne Streifen schneiden.
2. Mit dem Salz vermengen und bei Zimmertemperatur 30 Minuten ziehen lassen.
3. Die ausgetretene Flüssigkeit aus der Zucchini pressen.
4. Zitronenschale mit einem Kartoffelschäler in Streifen abschälen und fein hacken bzw. Schale mit einem Zestenreißer abziehen.
5. Saft der Zitrone auspressen und über die Zucchini-Streifen gießen.
6. Salat mit Olivenöl beträufeln.
7. Mit Minzeblättchen oder essbaren Blüten der Saison garnieren.

Lachstartar mit Meerrettich und Senf

Lachstartar ist eine pikante Vorspeise für festliche Anlässe, die schnell vorbereitet ist. Der Lachs steckt voller gesunder Omega-3-Fette. Etwas weniger im Mittelpunkt steht der Meerrettich, der nicht nur einen frischen Geschmackskontrast bietet, sondern auch eine sehr gute Quelle für Ballaststoffe und verschiedene Mineralien ist.

4 Portionen

400 g Lachs ohne Haut und Gräten
2 Eigelb
2 EL Schalotten, fein gehackt
1 EL Essigessenz (25 % Säuregehalt)
2 EL grobkörniger Senf (nicht zu süß)
Salz
1 Bund gemischte Blattgemüse und Wildkräuter (z.B. Spinat, Mangold, Löwenzahnblätter, Rucola)
8–12 Tomaten (je nach Saison, am besten gelbe Cocktailtomaten)
schwarzer Pfeffer, frisch gemahlen
1 Meerrettichwurzel, ca. 5 cm, geschält
3 EL kalt gepresstes Rapsöl

1. Lachs in 1–2 Zentimeter große Würfel schneiden.
2. Lachswürfel, Eigelb, gehackte Zwiebel, Essigessenz, Senf und Salz vermengen und 10 Minuten marinieren.
3. Grüne Blätter verlesen und waschen. In kleinere Stücke zerpflücken oder in Streifen schneiden.
4. Tomaten in 2–3 Zentimeter große Würfel schneiden und Meerrettich fein reiben.
5. Lachstartar anrichten und mit den Tomaten, den grünen Salatblättern und dem geriebenen Meerrettich garnieren. Mit etwas Rapsöl beträufeln.

Happy-Food-Snackplatte

Entfachen Sie auf Ihrem Teller ein Feuerwerk an Farben! Allein vom Anblick werden Sie schon froh! Die Farben haben unseren Vorvätern geholfen, Beeren und andere essbare Früchte zu finden. Die gesündesten Nahrungsmittel haben nicht zufällig auch die kräftigste Farbe. Es ist die Farbe selbst, die so gesund ist.

4 Portionen

Frisches Obst und Gemüse
Honig, möglichst frisch geschleudert
Nüsse

1. Obst und Gemüse waschen und in mundgerechte Stücke zerteilen.
2. Auf einer großen Platte anrichten und mit frischem Honig und Nüssen nach Wunsch servieren.

Tipp: Verwenden Sie neben Samen und Nüssen wenn möglich Obst und Gemüse, das jeweils gerade Saison hat.

EINS MIT DER NATUR

KAPITEL 3

Shinrin-yoku – Baden in der Natur

Epidemieartig auftretende Fettleibigkeit, Diabetes, Nahrungsmittelallergien, Darmkrankheiten, Depressionen und eine lange Reihe weiterer Erkrankungen können nicht länger als isolierte Vorkommnisse betrachtet werden, die durch Medikamente oder vereinzelte probiotische Bakterien geheilt werden können. Das Problem ist viel weitreichender, so die bekannte Immunologin Susan Prescott. Wir müssten einfach anfangen, all diese Krankheiten als Teile einer Einheit zu sehen, die von denselben Kräften hervorgerufen wird.

Susan Prescott hat bei mehreren Allergiestudien mitgewirkt, die in den letzten Jahren Behörden dazu gebracht haben, ihre Empfehlungen zu ändern, beispielsweise nicht länger davon abzuraten, gesunden Kindern Erdnüsse zu geben.

»Unsere eigene Bakterienflora«, behauptet Susan Prescott, »ist untrennbar Teil der Mikrobenwelt, die seit drei Milliarden Jahren auf der Erde existiert, während wir Menschen uns erst in den letzten drei Millionen Jahren entwickelt haben. Die Verarmung unserer Darmflora und ihr Ungleichgewicht spiegeln Störungen wider, die wir selbst in unserer Umwelt verursacht haben. Ohne das Ganze zu verstehen, können wir diese Krankheiten niemals ausbremsen«, meint die Forscherin.

Auf einer wissenschaftlichen Konferenz, an der ich 2017 teilnahm, entwickelte Susan Prescott ihren Gedankengang weiter:

»Das Leben auf der Erde ist bedroht. Wir sind mitten in einem massiven Rückgang der biologischen Vielfalt, dazu kommen Umweltzerstörung und Klimaveränderungen. Viele Krankheiten entwickeln sich Hand in Hand mit der Urbanisierung und der Ausbreitung eines modernen westlichen Lebensstils.

Dieser Entwicklung entspricht eine Bewegung weg von traditioneller Esskultur sowie vom engen Kontakt mit der

Natur, also von der Lebensweise all unserer Vorfahren. Damals befanden wir Menschen uns im Gleichgewicht mit der Natur – in Symbiose. Was wir heute sehen, ist eine Bewegung zum Ungleichgewicht, zur Dysbiose«, erklärt sie.

Unsere Wurzeln liegen in der Natur: im tiefsten Innern zieht es uns ständig und unbewusst in diese Richtung, damit es uns gut geht.

In einem Experiment, das für sich spricht, wurden vor einiger Zeit Menschen von südkoreanischen Forschern abwechselnd Naturbilder und Bilder mit urbanen Motiven gezeigt. Die Naturbilder waren keineswegs so spektakulär wie etwa eine Aussicht von einem der Gipfel im Himalaya, sodass sie zwingend die Aufmerksamkeit auf sich gezogen hätten.

Es zeigte sich gleichwohl, dass die Naturbilder konsequent jene Teile des Gehirns aktivierten, die mit positiven Gefühlen, emotionaler Stabilität, Mitteilungswillen, Empathie und Liebe verknüpft sind.

Bilder mit urbanen Motiven aktivierten stattdessen auf eine genauso eindeutige Art die Amygdala, einen walnussgroßen Teil des Gehirns, der den Umgang mit Angst steuert und auf Bedrohung reagiert. Eine Überstimulierung der Amygdala wird beispielsweise mit steigendem Risiko für Panikattacken in Verbindung gebracht.

Aber es hört nicht damit auf, dass in uns ausschließlich positive Empfindungen ausgelöst werden, wenn wir die Natur betrachten. Die fernöstliche Tradition des *Shinrin-yoku* – der japanische Begriff bedeutet so viel wie in Wald und Waldluft baden, indem man dort herumgeht (im Deutschen ist inzwischen der Begriff »Waldbaden« eingeführt) – wird noch heute in Japan gepflegt. Seit vielen Jahren wird dort das *Shinrin-yoku* sogar von staatlicher Seite gefördert. Und in der Tat haben japanische Forscher herausgefunden, dass Waldspaziergänge bei Diabetespatienten den Blutzucker senken können.

Die erste vertiefende Studie zu *Shinrin-yoku* wurde in den 1990er-Jahren auf der Insel Yakushima in Angriff genommen. Die Insel ist für ihre biologische Vielfalt bekannt und wurde zur Inspirationsquelle für den Zeichentrickfilm *Prinzessin Mononoke* von Hayao Miyazaki aus dem Jahr 1997.

Gut 30 Jahre später weiß man, dass (Wald-)Spaziergänge uns nicht nur mit frischer Luft versorgen. Weiterführende Studien haben gezeigt, wie unser Nervensystem und unsere Fähigkeit zur Stressbewältigung positiv beeinflusst werden, wenn wir die Natur mit unseren Augen sehen, wenn wir die Laute der Natur hören, wenn wir Erde, Steine und Pflanzen berühren und von unsichtbaren, von Bäumen abgesonderten Stoffen und Bakterien berieselt werden.

Wenn wir atmen, ziehen wir einen Teil aus der Natur in unsere Lungen. Jeder Kubikzentimeter Luft enthält enorme Mengen kleiner Partikel. In der Luft über der Erde und der Vegetation schweben zum Beispiel Gamma-Proteobakterien, die als besonders wirksam gegen Ekzeme und für eine gesunde Haut gelten.

Während in der Stadt vor allem Chemikalien, Schwermetalle, Öle, Kohlendioxid etc. zur Luftverschmutzung beitragen, treffen wir in ursprünglichen Naturregionen auf unzählige mikroskopisch kleine Teilchen von Blättern, Samen, Pollen und toten Insekten sowie auf Bakterien, die von alldem leben. Noch laufende Studien deuten darauf hin, dass in der Luft schwebende Mikroben sich nicht nur auf unserer Haut niederlassen, sondern auch durch sie hindurch in den Körper eindringen – genauso wie durch Mund und Nase – und die Darmflora beeinflussen.

Die Schlussfolgerung, die man aus diesen Forschungsergebnissen ziehen kann, ist, dass der Mensch als Organismus die Natur wie einen alten Freund empfindet, umarmt und versteht.

Es geht also darum, möglichst viel in biologischer Vielfalt zu baden.

In unserer modernen Gesellschaft versuchen wir manchmal, unsere vererbte Sehnsucht nach der Natur mithilfe von Konsum zu stillen, so die erwähnte Studie. Denn woran erinnert ein verlockend glitzerndes Schmuckstück, wenn nicht an das seit Äonen vererbte Sehnsuchtsbild von sprudelndem Quellwasser, in dem sich das Licht der Sonne bricht?

Shinrin-yoku hat Forscher auf der ganzen Welt inspiriert, die u. a. feststellten, dass der Zugang zu Grünflächen das psychische Wohlbefinden der Menschen beeinflusst. Der Effekt scheint außerdem stärker zu sein, je mehr Pflanzenarten in einem Park wachsen. Aber nicht genug damit: Je mehr Pflanzenarten Sie durch Ihr Fenster sehen, desto mehr wird der Ausstoß des Stresshormons Kortisol reduziert.

In Großbritannien hat sich die Anzahl der Vogelarten, die in einem Siedlungsgebiet vorkommen, als ausgezeichneter Indikator für die Gesundheit der dort lebenden Menschen erwiesen. In Finnland hat der Forscher Tari Haahtela von der Universität Helsinki vermeldet, dass Allergien und Asthma in Gebieten mit vielen Schmetterlingen ungewöhnlich sind. Die Insekten sind ein Zeichen für ein gesundes Ökosystem mit großer biologischer Vielfalt.

»Die biologische Vielfalt zeigt, wie viel Kraft unser Planet zum Überleben hat. Eine Umwelt, in der es vor Leben sprudelt, trägt dazu bei, dass wir selbst gesund und vital bleiben, sie fördert unsere Immunabwehr sowie unser Vermögen, uns zu erholen, und sie legt so quasi einen elastischen Panzer um uns herum«, erklärt uns die Immunologin Susan Prescott.

»Weil alles Leben auf der Erde zusammenhängt, bringt ein weiterer Rückgang der biologischen Vielfalt zwangsläufig Konsequenzen für die menschliche Gesundheit mit sich.«

Im Kleinen können wir selbst versuchen, ausgewogene Mahlzeiten unter Berücksichtigung größtmöglicher biologischer Vielfalt zusammenzustellen.

Dennoch: »Die Beweise häufen sich. Die verringerte Vielfalt hat ihren Preis«, so das Fazit von Susan Prescott.

Gegrillter Wolfsbarsch mit grünem Gemüse

Seit Anbeginn der Zeiten wanderten unsere Vorfahren regelmäßig an die afrikanischen Küsten. Vielleicht waren es Fische und Schalentiere, die voller Omega-3-Fettsäuren steckten und die Gehirne unserer Ahnen wachsen ließen. Das ist auf jeden Fall eine Theorie. Ob schlau oder nicht, gibt es etwas Besseres als frisch gefangenen Fisch?

4 Portionen

1–2 ganze Wolfsbarsche (alternativ: Makrele, Barsch oder Zander)
Salz
8–12 Blätter frische Minze, gehackt
3 Knoblauchzehen, abgezogen
frischer Koriander, gehackt
2 grüne Chilischoten
3 EL Olivenöl
1 EL Limettensaft
2 EL Sojasauce
1 Bund grüne Bohnen
4 Pak Choi
Zum Servieren: grüne Chilischote, frischer Koriander, Limettenspalten und Minzeblätter

1. Die Fische schuppen, ausnehmen, gründlich auswaschen und die Kiemen entfernen.
2. Fische innen und außen salzen. Mit Küchengarn zusammenbinden oder in ein Fischgitter klemmen.
3. Fische 15–20 Minuten grillen, dabei mehrfach wenden, damit sie eine schöne Grillkruste bekommen.
4. Minze, Knoblauch, Koriander, Chilischote, Olivenöl, Limettensaft und Sojasauce zu einer Creme pürieren.
5. Bohnen und Pak Choi putzen. In kochendem Salzwasser jeweils 2–3 Minuten blanchieren.
6. Sofort mit den frisch gegrillten Wolfsbarschen und dem Kräuterdressing servieren.
7. Teller nach Belieben mit frischen Koriander- und Minzeblättern, grünen Chilischeibchen und Limettenspalten garnieren.

Geröstete Möhren mit Rucola, Ziegenkäse, Kürbiskernen und Orange

So einfach und so gut. Aber bilden sich nicht Schadstoffe, wenn die Möhren bei so hoher Temperatur erhitzt werden? Unsere Antwort: Gemüse, das voller Antioxidantien steckt, ist gut geschützt, aber lassen Sie es dennoch nicht anbrennen. Am besten ist es genau dann, wenn es gerade Farbe annimmt.

4 Portionen

2 Bund Möhren
3 EL Olivenöl
6–8 Thymianzweige
Salz
3 EL Kürbiskerne
1 Orange
100 g weicher Ziegenkäse
1 Bund Rucola

1. Die Möhren schälen und längs halbieren.
2. Den Backofen auf 200 °C vorheizen. Die Möhren auf einem Backblech verteilen und mit 1 EL Olivenöl beträufeln; Thymianzweige auf die Möhren legen und eine Prise Salz darüberstreuen.
3. Etwa 25 Minuten im Ofen backen, bis die Möhren leicht Farbe angenommen haben.
4. Kürbiskerne in einer ungefetteten Pfanne bei mittlerer Temperatur unter Rühren 2–3 Minuten rösten.
5. Orangenschale abreiben, den Saft auspressen. Beides mit Olivenöl und einer Prise Salz verrühren.
6. Die Möhren mit zerbröckeltem Ziegenkäse, Orangendressing, Rucola und den gerösteten Kürbiskernen garnieren.

Tipp: Öffnen Sie den Backofen während des Röstens der Möhren hin und wieder einen Spaltbreit, damit die Feuchtigkeit abziehen kann!

SCHWINDEL-ERREGENDE SPITZENFORSCHUNG

KAPITEL 4

»Das wird die Verhältnisse für immer verändern«

Die Erforschung der Darmflora verläuft schwindelerregend schnell. Der Biologe Rob Knight ist einer der Wissenschaftler, der hierbei einen Spitzenplatz einnimmt. Er war einer der Gründer des American Gut Project, dem bereits über 10 000 Menschen Proben ihrer eigenen Bakterien geschickt haben.

Rob Knight ist ein 44-jähriger Neuseeländer, der bereits früh als Wunderkind galt. Im Alter von 24 Jahren promovierte er in Ökologie und Entwicklungsbiologie in Princeton. Anfangs studierte Knight eingewanderte Tierarten (Neozoen), die in seinem Heimatland ein großes Problem darstellen, bald aber interessierten ihn eher die Invasionen von deutlich kleineren Fremdorganismen in unserem Inneren. Nebenbei entfaltete er sein Talent im Umgang mit digitalen Daten und entwickelte raffinierte IT-Modelle, um die Erbmasse von Mikroben zu analysieren. Bald wandten sich Forscher aus aller Welt an Rob Knight und baten um Hilfe. Das ist ein Grund, warum sein Name in zentralen wissenschaftlichen Artikeln, die in den letzten zehn Jahren zum Thema publiziert wurden, ständig auftaucht.

Heute ist Rob Knight Professor an der University of California in San Diego, wo er ein eigenes Labor unterhält. Ich traf ihn im Frühjahr 2018 bei einem Kongress in Austin, Texas, bei dem er einer der Hauptredner war. Wir führten ein langes Gespräch über den aktuellen Stand der Forschung und über die Möglichkeiten und Bedrohungen, die er für die Zukunft sieht. Schnell kamen wir auf das Thema künstliche Intelligenz und wie sie helfen kann, die Zusammenhänge zu verstehen. Für Rob Knight ist die Weiterentwicklung moderner biologischer Forschung ohne hochmoderne Datentechnik unmöglich. Mit dieser Auffassung steht er nicht allein.

Am selben Tag hatte er bereits an einer Podiumsdiskussion mit Jo Handelsman, einem wissenschaftlichen Berater von Barack Obama, teilgenommen.

Jo Handelsman erklärte, dass wir »noch vor wenigen Jahren glaubten, die menschliche Erbmasse sei extrem komplex. Nun stehen wir vor etwas, das hundert- bis tausendmal komplexer ist.«

Rob: In deinem Bauch gibt es mehr Bakterien als Sterne in der Milchstraße. Darüber hinaus ist die Darmflora von Mensch zu Mensch unterschiedlich. Während du und ich 99,99 Prozent unserer Gene teilen, haben wir vielleicht nur zehn Prozent unserer Bakterien gemeinsam. Das kann die Unterschiede zwischen uns hinsichtlich Gewicht und Allergien, Anfälligkeit für Krankheiten oder Neurosen erklären. Wenn man untersucht, wie die Darmflora die Gesundheit beeinflusst, erhält man schnell deutlich mehr Daten, als irgendein Mensch verarbeiten kann. Das macht die Darmflora zur ultimativen Quelle für das, was man Big Data nennt und was sich für die Datenanalyse mittels künstlicher Intelligenz – *artificial intelligence*, kurz: AI – eignet.

Henrik: Glaubst du, dass Bakterien in Zukunft normale Medikamente ersetzen könnten – also gewissermaßen »bugs« statt »drugs«?

Rob: Ich glaube, es werden sowohl »bugs« als auch »drugs« sein, Bakterien und Medikamente, aber darüber hinaus müssen wir lernen, Viren sowie Stoffwechselprodukte wie Metaboliten und sogenannte Bakteriophagen anwendbar zu machen. Viren und Bakterien haben Milliarden Jahre lang einen Krieg geführt. Sie haben eigene Waffenarsenale und Schutzsysteme entwickelt, die wir nutzen können. Bereits jetzt werden Viren darauf getestet, bestimmte Krebszellen auszuschalten.

Ich glaube, dass wir recht bald viele Krankheiten heilen und ihnen vorbeugen können, indem wir Bakterien und andere Mikroben einsetzen, die die Lücken in der Immunabwehr wieder schließen können. Dann kann man auch vielen Krankheiten wie Morbus Crohn oder Fettleibigkeit durch normales gesundes Essen vorbeugen.

Henrik: Können häufig vorkommende Krankheiten mit einem Ungleichgewicht in der Darmflora zusammenhängen?

Rob: Während die Häufigkeit ansteckender Infektionskrankheiten seit Jahrzehnten rückläufig ist, sind Fettleibigkeit, Diabetes, Darmleiden und andere immunologische Erkrankungen deutlich auf dem Vormarsch. Die Verbindung zwischen einem Ungleichgewicht in der Darmflora und vielen der angestiegenen Krankheiten ist bereits belegt, auch wenn noch mehr Studien notwendig sind, um die Mechanismen und ursächlichen Zusammenhänge zu erforschen. Es gibt ständig neue Funde; so erzeugte Kot, den man von Parkinson-Patienten transplantierte, auch in Mäusen Parkinson-Symptome. Das sind ganz neue Ergebnisse, aber wir stecken noch in der Grundlagenforschung. Bis zur Behandlung von Menschen ist es noch ein weiter Weg.

Henrik: Wie kann Fettleibigkeit durch die Darmflora beeinflusst werden?

Rob: Wir wissen, dass adipöse Menschen mehr von bestimmten Bakterien besitzen, und wir können die Veranlagung für Fettleibigkeit von Menschen auf Mäuse durch Transplantation von Kot übertragen.

Bakterien können beeinflussen, wie viele Kalorien der Körper aus dem Essen aufnimmt. Aber auch das Essverhalten wird von Bakterien beeinflusst.

Wenn wir einer Maus mit steriler Darmflora eine bestimmte Bakterienart zuführen, dann wird die Maus fett. Der Grund liegt darin, dass diese Bakterien das Hungergefühl der Maus beeinflussen. Eine Möglichkeit, die Maus am Fettwerden zu hindern, ist, sie in einen Käfig ohne Futter zu setzen, aber dann wird sie verrückt vor Hunger. Die andere Möglichkeit besteht darin, die das Hungergefühl auslösenden Bakterien mit Antibiotika abzutöten.

Henrik: Wie haben andere Forscher auf diese Ergebnisse reagiert?

Rob: Als wir das entdeckten, fanden es alle total verrückt und glaubten nicht, dass dies die Ursache sei. Danach fingen mehrere andere Gruppen mit eigenen Untersuchungen an.

Bei Menschen ist es wahrscheinlich nicht nur ein Bakterium, sondern es sind mehrere Bakterien, die zusammenwirken.

Henrik: Meinst du, dass es sich bei der Verbreitung von Fettleibigkeit buchstäblich um eine ansteckende Epidemie handeln kann?

Die Zahl der Forschungsprojekte zur Frage, ob es eine Verhaltensbeeinflussung durch die Darmflora gibt, explodiert derzeit geradezu.

Rob: Ich befürchte, dass die Epidemie der Fettleibigkeit, die sich seit einigen Jahren auf der Welt verbreitet, mit der Ausbreitung der die Krankheit verursachenden Bakterien zusammenhängen kann. Dieser Bakterientyp gedeiht, wenn wir Junkfood essen, das viele schlechte Fette und Zucker enthält. Fettleibigkeit und die sie hervorrufenden Bakterien treten in bestimmten Kreisen oft gemeinsam auf. Wenn einer in der Familie adipös ist, sind es die anderen häufig auch, gleichzeitig weisen sie dieselben Bakterien auf. Und wenn sie einen Hund haben, ist selbst dieser oft übergewichtig.

Henrik: Wie deutlich sind die Beweise dafür, dass die Darmflora mit dem Gehirn in Verbindung steht?

Rob: Sehr deutlich. Noch vor fünf Jahren wurde darüber diskutiert, ob es überhaupt eine solche Kommunikation gibt. Inzwischen wissen wir sicher, dass mehrere unterschiedliche Kontaktwege in beiden Richtungen existieren. Nun dreht sich die Diskussion darum, welche davon die wichtigsten sind. Das ist aktuell das herausragende Forschungsgebiet, in dem alle dabei sein wollen.

Henrik: Du hast Feldstudien bei verschiedenen indigenen Volksgruppen durchgeführt, so auch bei den Hadza in Tansania und den Yanomami im Amazonasgebiet. Was habt ihr von ihnen gelernt?

Rob: Es scheint eine Verarmung unserer Darmflora stattgefunden zu haben. Die indigenen Völker dort pflegen einen total anderen Lebensstil; sie ernähren sich sehr abwechslungsreich und haben eine völlig andere und – wie es scheint – viel gesündere und vielfältigere Darmflora entwickelt. Zwar sind sie stärker Parasiten und Infektionen ausgesetzt, haben aber definitiv keine Fälle von Morbus Crohn oder Multipler Sklerose. 2014 habe ich bei den Hadza Studien durchgeführt – keiner dort litt unter Diabetes Typ 2. Die westlichen Zivilisationskrankheiten, die sich derzeit auf der ganzen Welt ausbreiten – man findet sie weder bei den genannten indigenen Völkern noch bei jenen, die z. B. auf Papua-Neuguinea untersucht wurden.

Henrik: Du hast davor gewarnt, dass der hohe Konsum von Antibiotika zu einem Anstieg der Nahrungsmittelallergien und anderer Autoimmunerkrankungen führen kann.

Rob: Man kann sich die Darmflora gut als einen Garten vorstellen. Spritzt man mit Schädlingsbekämpfungsmitteln, die alles ausschalten, dann hat man danach eine geringe Artenvielfalt an Gewächsen, und das, was zuerst wiederkommt, ist das Unkraut. Dasselbe passiert im Bauch. Antibiotika gehören zusammen mit Impfstoffen zu den größten Errungenschaften der Medizingeschichte. Sie haben unzählige Menschenleben gerettet. Ohne Antibiotika wären unzählige Frauen bei der Geburt gestorben, eine Zahnwurzelentzündung wäre lebensbedrohlich; praktisch alle chirurgischen Eingriffe erfordern die Gabe von Antibiotika, die gesamte Pflege von Frühchen und weite Bereiche im Rahmen der Krankenpflege bauen darauf, dass wir Antibiotika zur Verfügung haben.

Aber es gibt auch eine Kehrseite. Die Bakterien, die man in sich trägt, sind ebenfalls ein zentraler Teil der eigenen Immunabwehr. Macht man eine Antibiotikakur, wird die Infektion in der Regel wie beabsichtigt ausgeschaltet, aber dann dauert es bis zu drei Monate, bis sich das Immunsystem erholt hat. Während dieser Zeit ist man besonders anfällig für neue Infekte. Einige der schützenden Bakterien werden durch die Antibiotikakur vielleicht ganz eliminiert und kommen nie zurück. Nun waren aber genau diese Bakterien vielleicht darauf spezialisiert, eine Komponente in der Nahrung abzubauen, die man jetzt nicht mehr verträgt.

Henrik: Kann dies zu einem kräftigen Anstieg von Nahrungsmittelallergien beitragen?

Rob: Ja, die Darmflora und die Immunabwehr sind bei kleinen Kindern, die noch in der Entwicklung sind, am empfindlichsten. Wir sehen einen starken Zusammenhang zwischen einem Ungleichgewicht der Darmflora und einer Glutenintoleranz (Zöliakie), auch wenn es Fragezeichen bezüglich Ursache und Wirkung gibt. Und auch bei Asthma und Nahrungsmittelallergien spricht vieles für einen solchen Zusammenhang. Dies kann sogar für andere immunologische Erkrankungen gelten, die jetzt stark ansteigen.

Es ist wissenschaftlich erwiesen, dass Lebensstil und Umwelt für die Gesundheit von Bedeutung sind. Wenn du auf einem Bauernhof zusammen mit Tieren lebst, ist es unwahrscheinlich, dass du Allergien entwickelst.

Ich glaube, dass wir in Zukunft einmal genauso entsetzt über die heutige leichtfertige Verwendung von Antibiotika sein werden, wie wir es heute über Menschen sind, die radioaktives Wasser getrunken und ihre Wohnung mit radioaktiver Farbe gestrichen haben. Das erscheint uns heute fürchterlich, galt aber damals als cool und zumindest nicht ungesund, was also sollte schon daran sein?

Henrik: Was soll man essen, um eine gesunde Darmflora zu bekommen?

Rob: Wenn du zum Beispiel riesige Mengen deines Lieblingsgemüses wie Brokkoli oder Rosenkohl isst, dann ist das vermutlich gar nicht das Beste. Stattdessen sollte man viele verschiedene Pflanzen mit unterschiedlichen Farben essen, die verschiedene Nährstoffsorten und biologisch aktive Substanzen liefern.

Es hat uns sehr verwundert, dass es eine deutlich größere Rolle zu spielen scheint, wie viele verschiedene Pflanzen man isst, als die Menge, die man davon isst.

Verschiedene biologisch aktive Substanzen beeinflussen deine Darmflora auf eine Weise, die wir erst jetzt anfangen zu verstehen. Der Verzehr möglichst vieler unterschiedlicher Pflanzen scheint in den Auswirkungen auf den Organismus wesentlich bedeutender als der Verzehr von Fleisch oder gar der Verzicht darauf.

Iss nicht so viel Zucker, nicht so viel fein gemahlenes Weißmehl, weil es schädlichen Bakterien als Nährboden dient. Aber du solltest viele Ballaststoffe zu dir nehmen, die bis in den Dickdarm gelangen und deinen Darmbakterien Nahrung bieten, sowie Gemüse in verschiedenen Farben.

Henrik: Ist resistente Stärke gut? (Sie steckt beispielsweise in Bohnen, rohen Kartoffeln und grünen Bananen.)

Rob: Was resistente Stärke angeht, so gibt es solide Daten, die darauf hindeuten, dass sie einen Effekt auf Fettleibigkeit und Diabetes hat. Man zeigt sich auch an ihrer entzündungshemmenden Wirkung interessiert. Der Nachteil liegt in den Extremen: Wenn du nur resistente Stärke zu dir nimmst, können auch Nebeneffekte entstehen. Deshalb sollte man sich abwechslungsreich ernähren und nicht nur eine Sache essen.

Henrik: Wie sieht es mit fermentierten Lebensmitteln aus?

Rob: Fermentiertes wie Sauerkraut und Joghurt kennen die Menschen seit Jahrhunderten. Ich empfehle meinen Kindern, Fermentiertes zu essen, und ich esse es auch selbst. Persönlich mag ich außerdem isländischen Skyr, aber eher wegen seines guten Geschmacks. Man sollte sich darüber bewusst sein, dass es bislang nur sehr wenig Anhaltspunkte dafür gibt, dass er dir und deinen Kindern in größerem Umfang gesundheitlich nutzen würde. Das muss noch intensiver erforscht werden. Ein anderes Problem ist, dass viele Joghurtsorten mit Zucker angereichert sind, der die Darmflora eher schädigt.

Vor gut zehn Jahren, als wir mit der Erforschung der menschlichen Darmflora begannen, konnte man mit probiotischen

Bakterien noch nicht groß Geld machen. Insbesondere durch die Grundlagenforschung, die wir und andere Forscher geleistet haben, ist die Herstellung von Probiotika inzwischen eine Milliardenindustrie geworden, die bislang noch völlig unreguliert wirtschaftet. Dabei wird vieles versprochen, dem jegliche wissenschaftliche Grundlage fehlt. Unsere eigenen Stichproben an Produkten haben außerdem gezeigt, dass sie häufig nicht die Bakterien enthielten, die auf dem Etikett aufgeführt waren.

Henrik: Gibt es andere Möglichkeiten für einen »Boost« der Darmflora?

Rob: Ja, überraschend für uns waren neue Erkenntnisse hinsichtlich der großen Vorteile von gutem Schlaf und Kurzzeitfasten. Damit meine ich nicht, ganze Tage lang zu fasten, sondern während eines Tages nur innerhalb eines Zeitrahmens von acht Stunden zu essen. Als wir die Wirkung von veganer Ernährung über drei Monate und der von solchen Intervallfastentagen verglichen, war der positive Effekt beim Kurzzeitfasten deutlich größer.

Henrik: In eurem neuesten Buch *Dirt is Good* empfehlen dein Kollege Jack Gilbert und du, Eltern sollten ihre Kinder Erde essen lassen. Ist das wirklich gut?

Rob: Wir glauben es, auch wenn es noch weiter erforscht werden muss. In vielen traditionellen Kulturen gilt es als gesund, Lehm zu essen, und wir sehen, dass Tiere es häufig tun. In normaler Erde gibt es sehr wenig schädliche Bakterien. Aber es geht uns nicht darum, viel davon zu essen, sondern dass es nicht gefährlich ist, wenn kleine Kinder draußen spielen und dabei etwas Erde herunterschlucken. Schmutzige Hände müssen nicht unmittelbar mit Wasser und Seife geschrubbt werden. Daumenlutscher und Nagelbeißer bekommen tatsächlich weniger Allergien. Wir Menschen haben unseren Lebensstil so verändert, dass wir kleine Kinder nicht mehr ausreichend mit fremden Bakterien konfrontieren. Und eben das bewirkt, dass sich ihr Immunsystem nicht so gut entwickelt.

Henrik: Was ist das Wichtigste, was du zukünftig auf uns zukommen siehst?

Rob: Es wird bedeutend mehr individuelle Empfehlungen geben. Und die Technologien werden sich weiter stark verändern. Wenn du erst deinen eigenen Kot mit deinem Smartphone scannen kannst, um ein Ungleichgewicht zu erkennen, das deiner Gesundheit schadet, und du dann in ein Restaurant gehst, dort das Essen scannst, um die Lücken wieder auffüllen zu können, dann wird das die Situation für alle, die mit Lebensmitteln arbeiten, grundlegend verändern.

Zukünftig werden wir smarte Toiletten haben, die deine Exkremente in Realzeit analysieren, und smarte Spiegel im Badezimmer, die ein Ungleichgewicht im Mund und in deinem Atem registrieren. Unser Ziel ist, einen mikrobiellen Kompass zu erstellen, mit dem wir Diäten, Training, Medikamente, Schlaf und alles, was deine Bakterienflora beeinflussen kann, optimieren. Alle Teile dazu gibt es bereits. Nun geht es lediglich darum, sie anwenderfreundlich zu etwas Neuem zusammenzusetzen.

Fünf Ratschläge von Rob Knight

Essen Sie abwechslungsreich
Es ist wichtiger, wie viele verschiedene Sorten Gemüse Sie essen, als die Menge insgesamt. Bringen Sie viele verschiedene Farben in Ihr Essen.

Erde essen
Lassen Sie Ihre Kinder spielen und sich mit Erde schmutzig machen. Erde ist ein mikrobielles Paradies mit mehr als einer Milliarde Bakterien in jedem Gramm, aber nur wenige davon können Ihr Kind krank machen. Natürlich sollten Sie dabei auf ein vernünftiges Maß achten und ein Augenmerk auf sichtbare Verunreinigungen (z. B. Kot von Tieren) richten. In Tierstudien zeigten mehrere Erdbakterien entzündungshemmende Wirkungen, sie reduzierten Angstsymptome und wirkten gegen Asthma.

Legen Sie sich einen Hund zu
Kinder, die mit einem Hund aufwachsen, haben einer Studie zufolge ein 13 Prozent niedrigeres Risiko, an Asthma zu erkranken, als andere Kinder. Bei Kindern, die auf einem Bauernhof leben, halbiert sich das Risiko. Eine niederländische Studie zeigte 2018, dass Kinder, die innerhalb eines Radius von 500 Metern von einem Hof mit Schweinen oder 500 Meter von einem Hof mit Kühen entfernt aufwuchsen, weniger allergisch waren als diejenigen, die lediglich ein paar Hundert Meter weiter entfernt aufwuchsen. Durch jeden zusätzlichen Bauernhof in der Nachbarschaft sank das Allergierisiko um vier Prozent.

Spülen Sie mit der Hand
In Familien, in denen das Geschirr mit der Hand gespült wird, überleben mehr Bakterien. Entsprechend kommt es dort im Schnitt zu weniger Asthmafällen und Allergien als in Familien, in denen immer die Spülmaschine eingesetzt wird. Genauso reicht es auch, Spüle und Arbeitsflächen mit normaler Seife zu reinigen. Man benötigt keine starken, bakterienabtötenden Reinigungsmittel. Normale reichen hier völlig aus.

Lüften Sie regelmäßig
Öffnen Sie die Fenster und lüften Sie so oft wie möglich. Im Staub, der mit der Zugluft aus den Innenräumen schwebt, gibt es mikroskopisch kleine Hautrückstände und verwitterte Partikel von Baumaterial. Das können Sie getrost loswerden. Durch das Fenster fliegen hingegen winzig kleine Partikel von Pflanzen herein, auf denen Bakterien sitzen, die Ihre eigene Flora bereichern und positiv auf Ihr Immunsystem wirken.

Auberginendip

Diese Abwandlung des arabischen Baba Ganoush ist eine Bereicherung auf jedem Mezeteller, aber auch die perfekte Beilage zu vielen anderen Gerichten. Die Chilischote verleiht unserem Rezept eine besondere subtile Schärfe.

4 Portionen

1 Aubergine
2 Schalotten, geschält
3 Knoblauchzehen, abgezogen
1 rote Chilischote
4 EL Olivenöl
2 TL Kreuzkümmel
1 Zitrone
2 EL Tahini
1 TL Salz
10 g Petersilie, grob gehackt

1. Aubergine in 2 mal 2 Zentimeter große Würfel schneiden.
2. Auberginenwürfel in einer flachen Pfanne ohne Öl bei mittlerer Hitze 6–8 Minuten braten.
3. Schalotten und Knoblauch fein hacken. Chilischote in Scheiben schneiden. Schalotten, Knoblauch und Chili zusammen in einen Topf geben.
4. Olivenöl und Kreuzkümmel zugeben und bei niedriger Hitze dünsten, bis die Schalotten weich sind.
5. Mit den Auberginenwürfeln vermengen und abkühlen lassen.
6. Zitronenschale abreiben und den Saft der Zitrone auspressen.
7. Den Auberginendip mit Zitronenabrieb und -saft, Tahini, Salz und frischer Petersilie abschmecken.
8. Auf Zimmertemperatur abgekühlt servieren. Dazu passt zum Beispiel geröstetes Ciabatta oder gegrillter Fisch.

Gnocchi mit Pesto und Sonnenblumenkernen

Knoblauch, Olivenöl, Basilikum, Parmesan – es duftet wie am Mittelmeer! Wenn Sie Kohlenhydrate weitgehend vermeiden oder reduzieren wollen, dann essen Sie doch einfach nur eine kleinere Portion.

4 Portionen

3 EL Sonnenblumenkerne
2 Knoblauchzehen
10 g Basilikum
Salz
2 EL Olivenöl
500 g Gnocchi
100 g Parmesan

1. Sonnenblumenkerne in einer Pfanne ohne Zugabe von Fett bei mittlerer Temperatur in 3–4 Minuten goldbraun rösten.
2. Knoblauch schälen und Basilikum grob hacken. Zusammen mit dem Salz in einen Mörser geben.
3. Knoblauch und Basilikum mörsern und nach und nach etwas Öl hinzugießen.
4. Sonnenblumenkerne zugeben und alles zu einer cremigen Paste mörsern. Falls sie zu trocken ist, noch etwas Olivenöl zugießen.
5. Gnocchi in leicht gesalzenem Wasser al dente kochen. Dann das Wasser abgießen und die Gnocchi abdampfen lassen.
6. Gnocchi mit dem Pesto vermengen, Parmesan darüberhobeln und sofort servieren.

Tomatensalat mit selbst gemachtem Frischkäse

Frischkäse selbst herzustellen ist ganz einfach. Es dauert zwar einige Zeit, aber es sind nur ein paar Handgriffe. Die meiste Zeit dazwischen können Sie dann etwas anderes machen.

4 Portionen

2–8 Tomaten in verschiedenen Farben
1 Schalotte
2 EL Olivenöl
Salz
2–8 frische Oreganoblätter

Frischkäse
1 l Milch
200 ml Sahne
4 EL Zitronensaft
Salz

1. Milch und Sahne zusammen auf 34 °C erwärmen.
2. Von der Kochplatte nehmen. Den Zitronensaft vorsichtig unterrühren, bis die Milch-Sahne-Mischung gerinnt. 30 Minuten zur Seite stellen.
3. Die Milch-Sahne-Mischung umrühren, um zu sehen, ob sie tatsächlich geronnen ist (wenn nicht, Topf ein zweites Mal erwärmen und Schritt 2 wiederholen).
4. Mischung durch einen Kaffeefilter oder ein Seihtuch abgießen.
5. Ca. 1 Stunde abtropfen lassen, bis ein cremiger »Frischkäse« übrig bleibt. (Je länger die Masse hängt, umso trockener wird der Käse.)
6. Mit Salz abschmecken.
7. Tomaten halbieren. Schalotte schälen und in Scheiben schneiden. Mit Olivenöl und Salz vermengen.
8. Tomatensalat mit dem Frischkäse und frischem Oregano garnieren.

WAS BEEINFLUSST IHRE DARMFLORA AM MEISTEN?

KAPITEL 5

Die Top Ten der Ernährungswissenschaftler

Für das Projekt *American Gut* haben Forscher verschiedene Testergebnisse zusammengestellt, um zu vergleichen, welche Faktoren den größten Beitrag zu einer gesunden Darmflora leisten. Hier ist ihre Liste der Top Ten:

1. Alles Pflanzliche abwechslungsreich essen. Die deutlich größte Wirkung auf unsere Darmflora erzielen wir, wenn wir uns vegetarisch mit möglichst vielen verschiedenen Gemüsesorten ernähren – im Idealfall mit bis zu 30 verschiedenen Sorten pro Woche. Aber auch die Erhöhung von fünf auf zehn verschiedene Sorten pro Woche zeigt laut Forschungsmeinung einen sichtbar positiven Effekt. Wechseln Sie ab mit verschiedenen Salaten, Kohlsorten, Vollkornprodukten, Hülsenfrüchten, Zwiebelsorten, Obst und Beeren. Achten Sie darauf, so viele Arten von Ballaststoffen, Farben und Geschmacksrichtungen wie möglich auf Ihren Teller zu bringen.

2. Alter. Die Darmflora sagt viel über unser Alter aus. Wir werden quasi steril geboren und legen während der ersten drei Lebensjahre die Grundlage unserer Darmflora. Mit zwanzig Jahren ist sie etabliert. Ab dann nimmt die Vielfalt ab, und in höherem Alter vermehrt sich der Anteil an giftigen, entzündlichen Bakterien stetig. Gerade in einem späteren Lebensalter ist es wichtig, sich weiterhin mit vielen Ballaststoffen zu ernähren.

3. CED (englisch: *inflammatory bowel disease*, IBD). Wenn Sie eine chronisch-entzündliche Darmerkrankung haben, dann ist Ihre Darmflora deutlich geschädigt, sie wechselt ständig und ähnelt zeitweise fast mehr der Bakterienflora auf der Haut oder der im Mund.

4. Jahreszeiten. Die Jahreszeiten beeinflussen, wie viel frisches Obst und Gemüse wir essen. Das durch Sonnenlicht gebildete Vitamin D beeinflusst unsere Mikroben positiv. Aber genauso wichtig ist es anscheinend, dass wir uns mehr draußen bewegen, wenn es warm ist, frische Luft einatmen und eine größere Vielfalt der Bakterien in uns aufnehmen, die es draußen in der Natur gibt.

5. Antibiotika. Zögern Sie nicht, Antibiotika einzunehmen, um gefährliche Infektionen zu bekämpfen. Aber man zahlt auch seinen Preis, denn das Antibiotikum verwüstet alles auf seinem Weg. Es kann bis zu drei Monaten und mehr dauern, bis die Darmflora und das Immunsystem sich wieder davon erholt haben. Dabei können Sie auch einige wichtige bakterielle Begleiter für immer verloren haben.

6. Geschlecht. Die Darmflora erwachsener Männer unterscheidet sich von der von Frauen, aber es ist noch zu früh zu sagen, warum und was dies bedeutet. Eine Hypothese vermutet einen Zusammenhang mit den geschlechtsspezifischen Hormonen. Andere Forschungsansätze gehen der Frage nach, ob die spezifisch weibliche Darmflora erklären könnte, warum Frauen häufiger Autoimmunerkrankungen erleiden. Während der Schwangerschaft und beim Stillen können dramatische Veränderungen in der weiblichen Darmflora stattfinden, die dem Wohl des Kindes dienen. Wohlbekannte Nebeneffekte sind der Heißhunger bei Schwangeren auf bestimmte Speisen, schnellere Gewichtszunahme, mögliche Übelkeit und im schlimmsten Fall Diabetes und Depression.

7. Schlaf. Ein normaler nächtlicher Schlaf von rund sieben Stunden und zu festen Zeiten scheint für eine gesunde Darmflora optimal zu sein. Schlafmangel, aber auch zu viel Schlaf können das Gegenteil bewirken. Die Bakterien haben ihren eigenen Tagesrhythmus, und eine geschädigte Darmflora wird eng mit Schlafstörungen in Verbindung gebracht.

8. Fettleibigkeit. Es gibt einen deutlichen Zusammenhang zwischen BMI (Body Mass Index) und der Darmflora. Adipöse Personen haben häufig einen erhöhten Anteil proinflammatorischer Darmbakterien. Bei einer Gewichtsreduzierung verringert sich gleichzeitig diese Bakterienart. Einige Bakterien können die körpereigene Energieentnahme aus der Nahrung um bis zu 15 Prozent erhöhen. Manche Menschen nehmen also leichter zu als andere. Bakterien beeinflussen zudem das Hunger- und Sättigungsgefühl.

9. Alkohol. Ein bis zwei Gläser Wein täglich richten keinen Schaden an (wenn Sie es dabei belassen), aber auf mehr reagiert die Darmflora negativ.

10. Sport. Bewegung tut Leib und Seele gut, aber die Wirkung auf die Darmflora ist nicht nur positiv, insbesondere wenn Sie untrainiert sind, sich schlecht ernähren oder ein hartes Ausdauertraining machen. Training bedeutet auch immer einen proinflammatorischen Stress für den Körper. Deshalb ist es besonders wichtig, sich gut zu ernähren, um nicht zu riskieren, dass das Training Krankheitssymptome hervorruft.

Arzneimittel als Störfaktor

2018 schlugen deutsche Forscher Alarm, nachdem sie 923 gängige Arzneimittel überprüft hatten, die keine Antibiotika waren. 250 der untersuchten Medikamente hatten mindestens eine der 40 am häufigsten in einer gesunden Darmflora vorkommenden Bakterienarten abgetötet oder auf andere Weise beeinflusst.

Die Wirkung auf die Bakterien wird als verheerend bezeichnet, insbesondere weil viele dieser Arzneimittel über lange Zeit eingenommen werden, wie Antidepressiva und Mittel gegen Magengeschwüre.

»Mit großer Wahrscheinlichkeit ist die Wirkung wohl noch größer. Wir haben nur den Einfluss auf 40 der ungefähr tausend vorkommenden Darmbakterien gemessen«, so der Leiter der Studie, Peer Bork, vom Europäischen Laboratorium für Molekularbiologie (EMBL) in Heidelberg. »Die Dosen, die dabei verwendet wurden, entsprachen denen bei einer normalen Behandlung«, fügt er hinzu.

Wie Peer Bork betont, ist es heute unmöglich, in jedem Einzelfall zu entscheiden, ob der Effekt auf die Darmbakterien gut oder schlecht ist. Manchmal werden dabei Bakterien vernichtet, die Gifte produzieren, manchmal solche, die zu einer gesunden Darmflora beitragen. Im einen Fall kann es sich um einen bislang gar nicht bekannten positiven Effekt des Arzneimittels handeln. In anderen Fällen kann es die Ursache von Nebenwirkungen sein oder eine Erklärung, warum das Mittel bei bestimmten Personen weniger anspricht.

»Wir haben dies erstmals untersucht, und ich bin überzeugt davon, dass es von großer Bedeutung sein wird. In Zukunft werden Ärzte bei Langzeitbehandlungen abwägen müssen, wie das Arzneimittel die individuelle Darmflora des Patienten beeinflusst«, so Peer Bork.

Die Forscher am EMBL machten noch eine weitere spektakuläre Entdeckung: Viele der Medikamente verursachten außerdem eine Antibiotikaresistenz.

»Das war eine Überraschung. Antibiotikaresistenzen sind ein riesiges Problem. Unsere Befunde zeigen nun, dass wir nicht nur beim Verschreiben von Antibiotika vorsichtig sein müssen. Auch ganz andere Arzneimittel können also Antibiotikaresistenzen hervorrufen«, schlussfolgert Peer Bork.

Salz

Jahrtausendelang wurde Salz als Konservierungsmittel verwendet, weil es Bakterien hinderte, sich zu vermehren. Daher ist es nicht so verwunderlich, dass gesalzenes Essen die Darmflora beeinflusst. Unser Körper benötigt zwar Salz, aber nicht besonders viel. Die Weltgesundheitsorganisation WHO kritisiert seit vielen Jahren, dass unser Essen heute zu stark gesalzen ist und so zu Bluthochdruck beiträgt.

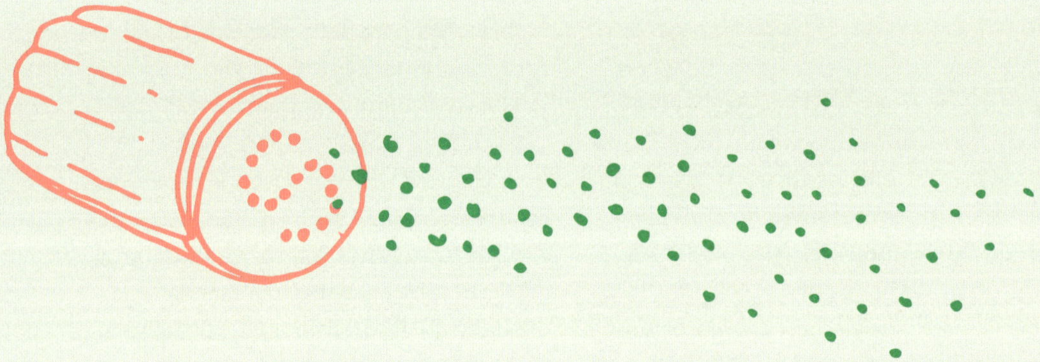

Erstaunlicherweise haben Forscher erst kürzlich begonnen zu untersuchen, wie Salz die Darmbakterien beeinflusst. Das durchaus alarmierende Ergebnis ließ nicht lange auf sich warten.

Im November 2017 meldeten Forscher, dass Salz die Menge der Milchsäurebakterien verringert, die uns gesund halten und proinflammatorische Immunzellen triggern. Bluthochdruck ist eine der Folgen dieser Reduzierung.

Der offensichtlich hemmende Effekt auf die Milchsäurebakterien kann erklären, warum Menschen in den westlichen Industrieländern eine deutlich geringere Menge dieser nützlichen Bakterien in sich tragen als indigene Völker in ihrem ursprünglichen Lebensraum. Als Kinder besitzen wir noch recht viele, aber sie verschwinden, wenn wir erwachsen werden – möglicherweise als Folge von zu hohem Salzkonsum.

Fasten

Seit jeher haben Menschen verschiedenster Kulturen regelmäßig Fastenzeiten befolgt – und das ist kaum ein Zufall. Heute wissen wir, dass eine reduzierte Kalorienzufuhr die bislang effektivste Methode ist, um Versuchstiere länger am Leben zu erhalten. Aber da handelt es sich beispielsweise um Mäuse, denen von der Wiege bis zum Grab ein kalorienarmes, aber extrem nährstoffreiches Futter serviert wird, um Vitamin- und Mineralmangelerscheinungen zu vermeiden. Die erhöhte Lebensdauer der Mäuse würde auf uns Menschen übertragen einem Alter von 150 Jahren entsprechen.

Die Erklärung scheint darin zu liegen, dass die Körperzellen zwei Grundeinstellungen haben. Eine für gute Zeiten, in denen es viel zu essen gibt. Dann geht es ums Heranwachsen, das Leben genießen, sich zu vermehren und dann zu altern und zu sterben. Alles in rasendem Tempo.

Bei der anderen Einstellung geht es darum, Hungerperioden zu überstehen. Dann schalten die Zellen auf eine Art Survival-Modus um, bei dem es mehr darum geht, das zu pflegen, was man hat, bis es wieder reichlich Nahrung gibt.

Also eine Art Sparen und Verschwenden auf Zellebene. Wir als moderne Menschen, die in einer Überflussgesellschaft leben, befinden uns dieser Theorie nach in einer ständigen Phase der Verschwendung und rasen mit Vollgas immer näher dem Abgrund entgegen.

Eine lebenslänglich reduzierte Kalorienzufuhr entspricht leider keiner Diät, die Spaß macht, oder wie es ein Forscher in einem Interview mit mir ironisch formulierte: »Dann kommt einem das Leben auf jeden Fall lang vor.«

Stattdessen haben sich verschiedene Arten von Kurzzeitdiäten etabliert, mit denen man etwas leichter zurechtkommt. Mit der extrem kohlenhydratarmen ketogenen Diät behandelte man ursprünglich Menschen mit Epilepsie. Fasten war nämlich ausgezeichnet für sie. Sobald sie aber wieder anfingen, normal zu essen, bekamen sie erneut einen

Anfall. Bei vielen schwer kranken Epileptikern zeigte die ketogene Diät ausgezeichnete Wirkung, ebenso auch bei vielen Menschen mit gestörtem Blutzuckerspiegel. Verschiedene Typen von Kurzzeitfasten oder Fasten an jedem zweiten Tag sind ein weiterer Versuch, sich den lebenslang lockenden Gewinn der Kalorienreduzierung einzuheimsen, ohne seine tristen Entbehrungen dauerhaft zu erleiden.

Weil auch das Fasten an jedem zweiten Tag recht anstrengend ist, wurde die 5:2-Diät ausgerufen. Sie geht von einer Aufnahme von 500 Kilokalorien an jeweils zwei Wochentagen aus, während man an den übrigen fünf Tagen normal isst. Dies sollte kaum reichen, um das Leben deutlich zu verlängern, aber es scheint uns dadurch auf jeden Fall besser zu gehen.

Wie gut ist nun das Kurzzeitfasten für die Darmflora? Ganz ausgezeichnet. In einem Versuch mit Übergewichtigen verbesserte die Fastendiät während sechs Wochen deren Darmflora radikal. Die für den Darm beste Fastenform scheint aber die 16:8-Variante zu sein. Sie beinhaltet, dass man einen möglichst großen Teil seiner täglichen Nahrung während acht Wachstunden aufnimmt und den Bauch die restliche Zeit ruhen lässt.

Eine israelische Studie zeigte kürzlich, dass es Diabetikern am besten ging, wenn sie ein großzügiges Frühstück, ein mittelgroßes Mittagessen, ein kleines Abendessen und keine Zwischenmahlzeiten zu sich nahmen. Eine Brotscheibe, die morgens konsumiert wurde, bewirkte einen niedrigeren Insulinanstieg und weniger Fetteinlagerung als exakt die gleiche Brotscheibe, wenn sie abends konsumiert wurde.

Wenn man genauer darüber nachdenkt, haben die Menschen in vielen älteren Kulturen sich genauso ernährt, wenn ihr Tagesrhythmus durch die Sonne bestimmt war. Häufig sind sie frühmorgens aufgestanden und haben nur eine Kleinigkeit gegessen, um dann am späteren Vormittag ein großzügiges Frühstück einzunehmen. Dann wieder eine Mahlzeit zu Hause gegen 16 Uhr, und zu Bett gingen sie dann recht früh. Womöglich sah ihr Tagesablauf auch etwas anders aus, aber Tatsache ist: Keiner hat wohl seinen Bauch so viel und so anhaltend arbeiten lassen wie wir modernen Menschen.

Der Tag-Nacht-Rhythmus ist also wichtig, und das führt uns zur Bedeutung von … Ruhe.

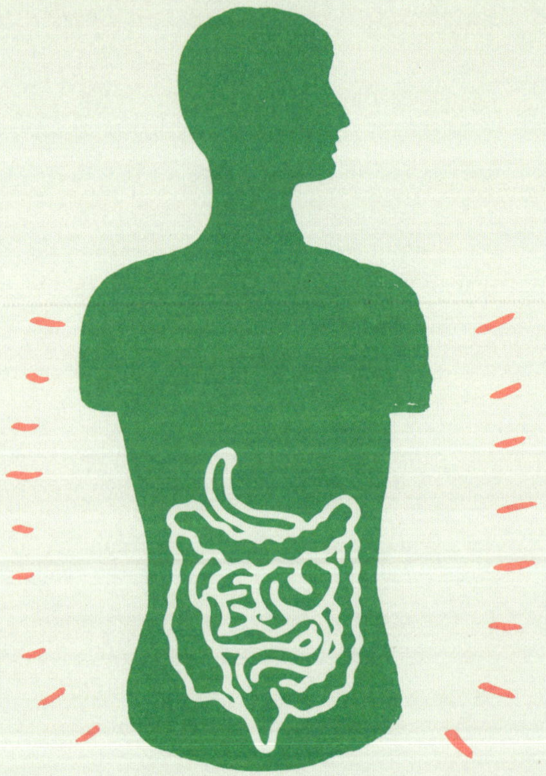

Schlaf

Alles Leben auf dieser Erde hat sich dem stetigen Wechsel von Tag und Nacht angepasst. Von der kleinsten Mikrobe bis zum größten Elefanten haben alle Lebewesen eine eingebaute innere Uhr. Und nicht nur eine, sondern unzählige kleine Uhrwerke, verteilt in verschiedenen Organen, die über ein Zentrum im Gehirn mit dem Sonnenlicht synchronisiert werden.

Die Bakterien im Bauch dagegen werden nicht vom Sonnenlicht, sondern von der angebotenen Nahrung gesteuert. Nach dem Frühstück macht sich eine Truppe an die Arbeit und nach dem Mittagessen eine andere. Zudem bewegen sich die Mikroben im Darm zwischen verschiedenen Arbeitsstationen, wo sie verschiedene Aufgaben zu verschiedenen Tageszeiten ausführen. Der Tag-Nacht-Rhythmus der Darmflora beeinflusst die Ausschüttung von Hormonen, die wiederum eine Vielzahl von Körperfunktionen in genauer Reihenfolge aktivieren.

Wenn wir altern, kommt dieser hormonelle Tag-Nacht-Rhythmus etwas durcheinander, was zu Schlafstörungen, Appetitlosigkeit, weniger Lust auf Sex, Energiemangel, einem Gefühl von Bewusstseinstrübung und Erschöpfung führen kann.

Ein gestörter Tag-Nacht-Rhythmus lässt durch die veränderten Hormonmengen, die Hunger und Sättigungsgefühl steuern, die Lust auf Junkfood ansteigen. In einem Experiment wurden Studenten durch verschiedene Zeitzonen geflogen, sodass ihre Darmflora aus dem Gleichgewicht geriet. Als man ihren Kot dann in Mäuse überführte, stieg bei diesen das Gewicht an. Das passt gut zu dem Bild von Schichtarbeitern, die häufiger als andere an Übergewicht und anderen physischen und psychischen Gesundheitsproblemen leiden.

2018 erschien das Ergebnis der bislang größten Beobachtungsstudie zu dieser Thematik. Sie zeigte eine deutliche Verbindung zwischen einem gestörten Tag-Nacht-Rhythmus und einem erhöhten Risiko für Depression. Die Forscher hatten die Daten von über 91 000 Personen analysiert, die mit Messgeräten zur Registrierung ihrer Bewegungen ausgerüstet waren.

Es ist also wichtig, seine innere »Bauchuhr« beim Einhalten des Tag-Nacht-Rhythmus zu unterstützen.

Am besten, indem man täglich zur selben Zeit isst. Natürlich soll die

Nahrung dabei möglichst abwechslungsreich sein und ausreichend viele Ballaststoffe enthalten.

Wir wissen alle, dass dieser Tag-Nacht-Rhythmus gestört wird, wenn wir reisen. Jeder Jetlag bedeutet ein Ungleichgewicht zwischen dem Licht, das die Augen registrieren und zum Gehirn senden, und der inneren Uhr, die sich mit den neuen äußeren Gegebenheiten nicht synchronisieren kann.

Häufig werden die internen Zeitverschiebungen während der Reisen noch verschlimmert, wenn Sie mehr als gewöhnlich industrielles Junkfood mit wenig Ballaststoffen, dafür aber mit viel Fett und Zucker verschlingen, und das auch noch zu allen möglichen Tages- und Nachtzeiten. Das müssen dann Ihre armen Mikroben ausbaden, und Ihnen geht es noch schlechter.

Wenn Sie also das nächste Mal verreisen, unterstützen Sie Ihre Darmbakterien und fangen Sie schon vorher an, Ihr Frühstück, Mittag- und Abendessen zu den Zeiten zu essen, dic in der Zeitzone gelten, in der Ihr Reiseziel liegt.

Für die Darmflora ist Essen wichtiger als Sport

Fast alle Arten von Sport sind gut, aber wirken sie sich auch günstig auf die Darmflora aus? Wenn du Sport treibst, musst du dich nicht darum kümmern, was du isst, pflegt man zu sagen. Aber es gibt erstaunlich wenig Belege für diese Behauptung.

Einer der bekanntesten Studien, die diese Behauptung zu stützen scheinen, ist jene an irischen Rugbyspielern. Diese durchtrainierten Profisportler hatten eine gesündere, deutlich artenreichere Darmflora als ihre Kontrollgruppe von still sitzenden Menschen, die vorwiegend Junkfood konsumierten.

Ist der Fall damit abgeschlossen? Keineswegs, denn das Problem bei dieser Studie war, dass die Rugbyspieler sich auch viel gesünder und abwechslungsreicher ernährten als die Kontrollgruppe, sodass die besseren Werte der Sportler vermutlich eher der Tatsache zuzuschreiben waren, dass sie sich besser ernährten.

Wer viel trainiert, wird dabei auch hungrig, und dadurch können die Darmbakterien mehr Ballaststoffe zum Verarbeiten erhalten. Das geht aber nicht automatisch, sondern setzt eine gute Ernährungsweise voraus!

Andere Studien haben bewiesen, dass sowohl psychischer als auch physischer Stress der Darmflora schaden kann. Als Elitesoldaten der norwegischen Armee bei einem viertägigen Skimarsch in offenem Gelände extremen Herausforderungen ausgesetzt wurden, nahm ihre Darmdurchlässigkeit um 62 Prozent zu.

Die Proben verrieten den Forschern, dass der Stuhl der gestressten Soldaten mehr schädliche Bakterien und weniger von denjenigen aus einem gesunden Darm enthielt.

Eine der Erkenntnisse daraus war, dass man das Problem verringern kann, indem man den Soldaten vor einer physischen Kraftanstrengung besonders ballaststoffreiche Nahrung serviert.

In Tierversuchen konnten Forscher nachweisen, dass die Darmflora sich bei körperlicher Aktivität hinsichtlich Menge und Zusammenstellung verändert. Bei näherem Hinschauen ist es aber häufig wie bei den norwegischen Soldaten: Die Bakterien, die zum stabilen Kern gehören sollten, werden weniger, während die, von denen wir nicht so viele haben wollen, zunehmen.

Neuere Forschungsergebnisse haben gezeigt, dass die Darmflora von schlanken Personen positiv auf Ausdauertraining reagierte, während die Veränderungen bei Übergewichtigen längst nicht so gut ausfielen. Das würde dafür sprechen, dass Sporttraining bei denjenigen am besten funktioniert, die bereits einen gesunden Magen-Darm-Trakt haben, aber nicht so gut bei Menschen mit Darmproblemen. Allerdings nahmen auch hier die Schlanken bereits von Anfang an eine ballaststoffreichere Kost zu sich als die, die mehr wogen.

Bislang lässt sich nicht zweifelsfrei belegen, das sportliches Training die Sofortlösung für die Darmflora ist. Darüber wurde noch viel zu wenig geforscht, und die wenigen Ergebnisse weisen in unterschiedliche Richtungen.

Die positive Wirkung von Sport auf die Darmflora ist im besten Fall weder bedeutend noch dauerhaft und scheint noch nicht einmal für alle gleich zu gelten. Es gibt viele Faktoren, die zu einem gesunden Lebensstil beitragen: Ernährung, Sport, Freunde, das Gefühl, etwas Sinnvolles zu tun, kein übermäßiger Stress, ausreichend Schlaf, frische Luft, sauberes Wasser, Selbsterkenntnis und vieles mehr.

All dies beeinflusst auch unsere Darmbakterien, aber nichts scheint wichtiger als eine ausgewogene, gesunde Ernährung. Und die können wir wiederum am einfachsten beeinflussen.

Ihre sportlichen Trainingserfolge sind wesentlich mehr von Ihren Darmbakterien abhängig als umgekehrt.

Stress

Wie wir gesehen haben, kann durch übermäßig hartes Sporttraining bedingter physischer Stress der Darmflora schaden, doch auch sozialer Stress kann denselben Effekt haben.

Für eine Studie wurden Studenten am Anfang des Semesters und zum Ende hin, als sie vor den Prüfungen standen, Stuhlproben entnommen. Es zeigte sich, dass die Studenten nach dem intensiven Lernpensum weniger gesunde Bakterien und mehr proinflammatorische Bakterien besaßen.

Der Grund hierfür ist ein Mechanismus, der einsetzt, wenn der Hypothalamus im Gehirn mithilfe von Stresshormonen einen Verteidigungs- und Fluchtmechanismus aktiviert. Der Körper ist irgendwie der Auffassung, dass Stresssituationen immer eine Frage von Leben und Tod sind, und reagiert entsprechend darauf, indem er den Ausnahmezustand ausruft.

Kurzfristig führt dies zu Angst, der Körper stellt die Darmfunktion hintenan und versucht, sich dessen Inhalt zu entledigen, was sich in Durchfall und Erbrechen äußern kann.

Zu den längerfristig zurückgefahrenen biologischen Funktionen gehört die Immunabwehr des Darms, was wiederum krankheitserregenden Bakterien eine günstige Gelegenheit eröffnet, sich durch die schützende Schleimhaut im Darm zu drängen und eine Entzündung zu verursachen.

Angst ist bereits von Anfang an ein Teil der Stressreaktion, aber die ohnehin fragile Gemengelage kann durch proinflammatorische Bakterien noch verstärkt werden und in einen Teufelskreis münden, in dem der Alltagsstress uns besonders anfällig für Infektionen macht.

Durch Laborversuche konnten Forscher außerdem nachweisen, dass mehrere Stresshormone, allen voran Noradrenalin, als Nährboden für giftproduzierende Darmbakterien wie Escherichia coli und Salmonellen wirkten. Bei einem Experiment stiegen die Bakterien von der Art Escherichia coli im Zusammenspiel mit Stresshormonen um einen 10 000-fachen Wert an.

Auch zwischenmenschliche Konflikte stressen uns und sind für die Darmflora selten vorteilhaft. Amerikanische Forscher meldeten kürzlich aufsehenerregende Resultate von Versuchen mit Meerschweinchen. Meerschweinchen eignen sich gut für soziale Experimente, denn sie müssen unmittelbar vor einer Paarung ausmachen, wer die ranghöchste Stellung hat.

Eine Hypothese, dass das Meerschweinchen, das sich gezwungenermaßen unterordnen musste, den meisten Stress erleben würde, erwies sich als richtig. Aber der Unterschied war unerwartet gering gegenüber dem Sieger des Streites. Bei beiden wurde die Darmflora durch den Konflikt gestört.

Der bemerkenswerteste Befund allerdings war, dass bestimmte Sorten von Bakterien von Anfang an in der Darmflora des sich unterordnenden Meerschweinchens häufiger waren, während andere Bakterien bei dem Ranghöheren dominierten.

Nun handelte es sich dabei um Meerschweinchen und nicht um Menschen, aber die Ergebnisse deuten an, dass sich über die Darmflora von Anfang an abzeichnete, wer in der sozialen Hackordnung Gewinner und wer Verlierer sein würde. Erstaunlich!

Man stelle sich vor, es gäbe ein Chef-Bakterium. Wer würde in diesem Fall die Macht übernehmen: der Geschäftsführer oder seine Mikroben?

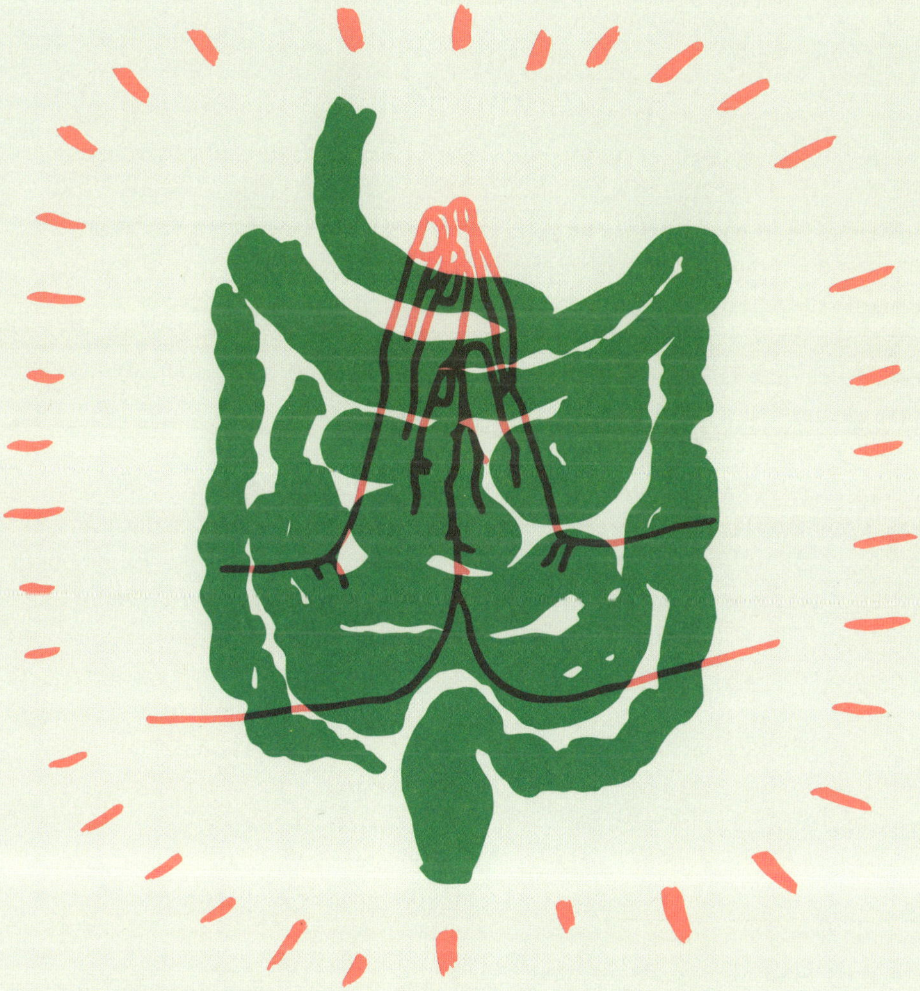

Bester Stuhl 2.0

Es gibt einfache Möglichkeiten, Antworten auf komplizierte Fragen zu finden. Das haben Medizinmänner schon vor Zehntausenden von Jahren gewusst. Im ersten Band von *Happy Food* haben Sie einen Grundkurs zur Stuhlanalyse erhalten. Wir haben festgestellt, dass Gewicht und Konsistenz dabei große Bedeutung haben.

Einer der Pioniere der Ballaststoffforschung, der Brite Denis Burkitt, zog nach 24 Jahren Arbeit in Uganda folgendes Resümee: Ein Land, in dem die Menschen kleine Haufen machen, braucht große Krankenhäuser. In Uganda wurde oft mehr als ein halbes Kilogramm Stuhlmenge bei einem normalen Toilettenbesuch ausgeschieden, während unser westliches, ballaststoffarmes Essen die ausgeschiedene Stuhlmenge unter die Grenze von 225 Gramm am Tag sinken lässt, bei der das Dickdarmkrebsrisiko schnell steigt.

In *Noch mehr Happy Food* wollen wir Farbe, Form und Transitzeit des Stuhls genauer unter die Lupe nehmen – neben Gewicht und Konsistenz weitere Faktoren, die außerdem zusammenhängen.

Die Transitzeit, die Zeit also, die ein Bissen benötigt, um vom Mund zum anderen Ende zu gelangen, verrät in hohem Maß, welche Bakterientypen in Ihrem Darm dominieren. Stellen Sie sich dazu ein Abflussrohr vor, in dem die ganze Zeit über ein reißender Strom rauscht. Dabei werden die Bakterien begünstigt, die sich a) an den Wänden festklammern können und b) richtig schnell vermehren können.

In einem Abflussrohr mit nahezu stillstehendem Matsch werden hingegen die Bakterien begünstigt, die etwas mehr Zeit zum Wachsen benötigen und sich nicht so gut festklammern können.

Von daher ist es logisch, dass sich in einem Rohr mit langsamem Durchfluss mehr unterschiedliche Arten befinden. Und je langsamer der Durchfluss ist, desto zähflüssiger wird die Masse, folglich wird der Stuhl härter. Am besten ist eine weiche, aber kompakte Konsistenz, die weder zu wässrig noch so hart ist, dass sich Risse bilden.

Bei älteren Menschen – aber auch bei einigen jüngeren – geht es manchmal richtig langsam. Da kann es eine Verstopfung im Rohr geben, und darin gefällt es den proinflammatorischen Bakterien sehr gut.

Am besten ist es, wenn es weder zu schnell noch zu langsam geht und der Stuhl eine mühelos weiche Konsistenz hat.

Was ist also das Ideal? Es muss sich die Waage halten, aber eine etwas schnellere Transitzeit zwischen mindestens einem, aber höchstens zwei Tagen ist vorzuziehen.

Geht es zu langsam, wird ein Großteil der Ballaststoffe aus der Nahrung bereits am Anfang des Dickdarms voll und ganz fermentiert, sodass die gesunde Buttersäure den Immunzellen weiter unten im Dickdarm nicht zugutekommt.

Die Farbe spiegelt direkt die Transitzeit wider. Sie stammt aus der gelben Galle. Wer jemals Babywindeln gewechselt hat, weiß, von was wir reden. Beim Stillen passiert die Kost den Darm schnell. Dann ist der Stuhl sehr gelb und riecht süßlich. Das liegt daran, dass die Darmbakterien die Galle nicht vollständig abbauen können. Wenn diese Verarbeitung einsetzt und das Tempo stoppt, gehen die Farbnuancen eher ins Grünliche. Wenn das Kind mit fester Kost ernährt wird, stabilisiert sich die Transitzeit und der Stuhl färbt sich braun. Erst dann fängt es wirklich unangenehm zu riechen an.

Ein Alarmsignal können andere Farbabweichungen sein. Weiß kann auf eine Infektion hindeuten, während rot und besonders schwarz, im wiederholten Fall, auf Blutungen hindeuten können.

Testen Sie Ihre Transitzeit:

1. Essen Sie gekochte Rote Bete oder trinken Sie Rote-Bete-Saft.
2. Notieren Sie, wie lange es dauert, bis Ihr Stuhl rot gefärbt ist.

Im besten Fall dauert es ungefähr 36 Sunden. Eine andere Möglichkeit, die Transitzeit zu testen, ist der Verzehr von ganzen Preiselbeeren oder Maiskörnern. Halten Sie dann nach ihnen in der Toilette Ausschau.

Eine lange Transitzeit kann beispielsweise mit Weizenkleie verkürzt werden. Eine kurze Transitzeit mit lockerem Stuhl lässt sich durch den Verzehr von löslichen Ballaststoffen verlängern, welche die Flüssigkeit binden. Solche Ballaststoffe stecken zum Beispiel in Äpfeln.

Waldorfsalat

Ein köstlicher Klassiker aus den Goldenen Zwanzigern! Eine seiner Hauptzutaten – der Staudensellerie – war bereits viel früher wegen seiner heilenden Eigenschaften bekannt. Sellerie ist reich an Quercetin und Kaempferol, die als Schutz gegen durch Stress verursachte Depression angesehen werden. Sellerie enthält auch stark entzündungshemmende Stoffe, weshalb man ihn in der chinesischen Medizin gegen Gicht und Rheuma einsetzt.

4 Portionen

100 g Roquefort-Käse
1–2 Köpfe Friséesalat
2 säuerliche Äpfel, z.B. Granny Smith, entkernt
2 Stangen Staudensellerie
130 g Walnüsse
Salz
1 Zitrone, ausgepresst
3 EL Olivenöl

1. Den Käse für etwa 45 Minuten ins Gefrierfach legen (er muss nicht durchgefroren sein).
2. Die jungen, hellen Blätter aus dem Salat herauspflücken, in kaltem Wasser waschen und in einer Salatschleuder oder auf Küchenpapier trocknen.
3. Einen Apfel in 2–3 Millimeter dünne Scheiben schneiden und diese in dünne Stäbchen zerteilen.
4. Selleriestangen von Fasern befreien und quer in dünne Scheiben schneiden.
5. Walnüsse bei mittlerer Hitze in einer ungefetteten Pfanne rösten und anschließend abkühlen lassen.
6. Den zweiten Apfel grob reiben, leicht salzen und mit Zitronensaft beträufeln.
7. Geriebenen Apfel und Zitronensaft absieben, dabei den Fruchtsaft gut auspressen und auffangen.
8. Fruchtsaft verrühren und nach und nach etwas Öl zugießen, bis eine Vinaigrette entsteht.
9. Zum Servieren Salatblätter, Apfel, Sellerie und Vinaigrette anrichten.
10. Walnüsse über dem Salat zerbröseln und zum Schluss den Käse mit der groben Seite des Reibeisens über den Salat reiben.

Spinatomelett mit Schafskäse und Pinienkernen

Ein Omelett ist wie ein unbeschriebenes Blatt, das beispielsweise mit Spinat, Schafskäse und Pinienkernen gefüllt werden kann. Ideal zum Frühstück oder Brunch oder zu fast jeder anderen Gelegenheit.

4 Portionen

6 Eier
2 EL Wasser
Salz
1 EL Butter
1 große Handvoll frischer Spinat, gründlich gewaschen
2 EL geriebener Pecorino
3 EL Pinienkerne, geröstet
evtl. geriebene rohe Möhren oder in Streifen geschnittener Kohl zum Servieren

1. Eier mit Wasser und Salz verrühren.
2. Eine Pfanne auf mittlere Temperatur erwärmen.
3. Die Butter hineingeben und schmelzen lassen.
4. Eiermischung in die Pfanne gießen. Sobald das Omelett stockt, vorsichtig an den Rändern mit einem Pfannenwender anheben, damit es gleichmäßig fest wird.
5. Den Spinat für 30–40 Sekunden in einer heißen Pfanne in Butter weich dünsten.
6. Spinat auf die eine Hälfte des Omeletts legen, Käse und Pinienkerne darüberstreuen.
7. Die zweite Hälfte des Omeletts vorsichtig darüberklappen.
8. Nach Wunsch mit geriebenen Möhren oder in Streifen geschnittenem Kohl servieren.

Tomatendip mit Sauerteigbrot und Olivenöl

Diesen wunderbaren Tomatendip peppen wir mit einem Schuss Essig noch weiter auf. Er eignet sich ausgezeichnet als Vorspeise, zum Beispiel zu Bruschetta oder als Beilage zu einer Suppe oder einem Nudelgericht. Achten Sie darauf, dass die Tomaten reif sind.

4 Portionen

1/2 kg Tomaten, vollreif und aromatisch süß
1 Knoblauchzehe
3 Schalotten
4 EL Olivenöl
2 EL Rotweinessig
6–8 Blätter Basilikum
1 rote Chilischote
Salz

1. Die Tomaten halbieren und auf der großen Seite des Reibeisens mit der Schnittfläche reiben (die Tomatenhaut dazugeben).
2. Geriebene Tomaten salzen und in einem engmaschigen Sieb ca. 1 Stunde abtropfen lassen, bis die Masse dicklich wird.
3. Knoblauch und Zwiebeln fein hacken und in einer heißen Pfanne kurz mit 1 Teelöffel Olivenöl anschwitzen, ohne dass sie Farbe annehmen.
4. Tomatenmasse, Olivenöl, Rotweinessig mit der Knoblauch-Zwiebel-Mischung vermengen und mit Salz abschmecken.
5. Chilischote halbieren und die Kerne entfernen. Schotenhälften in dünne Scheiben schneiden.
6. Basilikumblätter in Streifen schneiden.
7. Den Tomatendip mit Chili und Basilikum garnieren.
8. Zu frisch gebackenem Sauerteigbrot (siehe Seite 208) oder zu Hähnchenbrust mit gegrilltem Salat (siehe Seite 124) servieren.

EIN SENSIBLES THEMA: DIE ERNÄHRUNG

KAPITEL 6

Ansteckende Gefühle

Kann die globale Epidemie von psychischen Erkrankungen zu weiten Teilen ansteckender Natur sein? Auch wenn es sich noch so merkwürdig anhört, gibt es doch starke Hinweise dafür.

Wenn Sie keine Lust haben, weiter etwas über Magen- und Darmerkrankungen zu lesen, sondern lieber zu Niklas' guten Rezepten weiterblättern wollen, können wir Ihnen auch hier schon den besten Tipp geben: Stärken Sie Ihre Abwehr, indem Sie ballaststoffreiche Nahrung wie Bohnen, Zwiebeln, Kohl, grüne Blattgemüse und Vollkorn zu sich nehmen. Garnieren Sie mit Beeren und anderem Obst oder mit Samen und Nüssen. Und wenn Sie Fleisch essen, achten Sie darauf, dass es aus artgerechter Haltung kommt.

Denn: Es geht Ihnen nicht besser, als es dem Essen ergangen ist, mit dem Sie sich ernähren!

Hier folgt nun mitten im Kochbuch eine kleine Reportage, die ungewöhnliche Patientenuntersuchungen zusammenführt. Es scheint nämlich eine wichtige Ursache für das Reizdarmsyndrom und psychische Erkrankungen zu geben, die von den Behörden und den meisten Forschern bislang völlig übergangen wurde. Niklas und ich waren selbst sehr überrascht, als wir sahen, wohin unsere Untersuchung führte.

Vor dem Hintergrund des schnellen Anstiegs und der hohen Zahlen an Doppeldiagnosen von psychischen Erkrankungen und Darmerkrankungen sowie einer Reihe anderer chronischer Erkrankungen ergibt sich ein ganz neues und für die Allgemeinheit bislang unbekanntes Bild. Die Zahl dieser Epidemien ist in den vergangenen Jahrzehnten in die Höhe geschnellt, während parallel dazu unsere eigene Immunabwehr verarmt ist, was sich in einem verringerten Artenreichtum im Darm widerspiegelt.

Im Mai 2000 erkrankten mehr als 2300 Einwohner in der kanadischen Kleinstadt Walkerton heftig an einer Magen-Darm-Grippe. Sieben starben, und viele erlitten bleibende Schäden.

Es hatte ungewöhnlich stark geregnet, und große Gebiete waren überschwemmt, darunter einige Bauernhöfe der Gegend. Als die Gülle auslief, wurde das Trinkwasser mit Campylobacter und giftigen Escherichia-coli-Bakterien des Typs O157:H7 – auch EHEC genannt – verseucht. Diese Bakterien waren einige Jahre zuvor aus dem Nichts aufgetaucht und verbreiteten sich seither weltweit.

Campylobacter gab es schon immer. Die Bakterien fühlen sich besonders wohl unter Geflügel. Sie wuchern in den Großmastbetrieben, wo Schlachtgeflügel und Legehennen zu Tausenden auf kleiner Fläche gehalten werden. Auch im Darm von Schweinen ist das Bakterium nicht ungewöhnlich.

Von Campylobacter verursachte Magen-Darm-Erkrankungen zählen zu den häufigsten Ursachen von Lebensmittelvergiftungen in den westlichen Ländern. Sie sind vor allem der Grund, warum Behörden uns ermahnen, Geflügelfleisch immer gut durchzubraten und dabei benutzte Messer sowie Schneidbretter in der Küche von anderen Lebensmitteln getrennt zu halten.

Ein halbes Jahr nach dem Ausbruch der Magen-Darm-Erkrankungen in Walkerton reagierten die Ärzte der Stadt auf den Strom von Patienten, die über Magen-Darm-Probleme klagten. Bald stand fest, dass Hunderte Einwohner von der chronischen Darmentzündung IBS (Reizdarmsyndrom) befallen waren. Die Symptome entstanden erst mehrere Monate, nachdem sie von der akuten Magen-Darm-Erkrankung genesen waren.

Meist kann man Magen-Darm-Erkrankungen, die durch aggressive Darmbakterien verursacht wurden, nur schwer nachverfolgen, weil die Betroffenen weit verstreut wohnen und zu unterschiedlichen Zeiten erkranken. Darüber hinaus werden psychische Erkrankungen und Darmprobleme von ganz verschiedenen Ärzten behandelt.

Doch in Walkerton erkrankte fast die halbe Bevölkerung auf einmal, das Muster war eindeutig. Das bot für die Forschung eine einmalige Gelegenheit, und so startete man ein Großprojekt, um die gesundheitliche Entwicklung der Bevölkerung weiter zu verfolgen.

Die Koppelung von Magen-Darm-Erkrankungen und einer Folgeerkrankung mit chronischen Darmproblemen stieß auf Verwunderung, kam aber nicht völlig unerwartet. Bereits während des Zweiten Weltkriegs wurde man bei britischen Soldaten darauf aufmerksam, die an Ruhr (Dysenterie) erkrankten. Einige kleinere Studien hatten darauf hingewiesen, dass zwischen vier und 32 Prozent der so erkrankten Soldaten danach ein Reizdarmsyndrom entwickelten.

Aber das Gebiet war schwer zu packen: Die Patienten konnten nur für kurze Zeit beobachtet werden, zudem waren ganz unterschiedliche Bakterien beteiligt.

Unter Tierärzten waren die Risiken besser bekannt. Vielleicht, weil chronische Darmprobleme durch das schlechtere Wachstum der Tiere hohe Kosten verursachen.

Schon bald gab es die ersten Forschungsergebnisse aus Walkerton. Es zeigte sich, dass drei bis sechs Monate nach dem Ausbruch jeder fünfte Erkrankte ein Reizdarmsyndrom entwickelt hatte. Über zehn Jahre lang verfolgte man diesen umfassendsten Ausbruch einer Lebensmittelvergiftung in der Geschichte Kanadas weiter. Zwei Jahre nach dem Ausbruch hatte ungefähr jeder vierte (28,3 Prozent) derjenigen, die durch das Trinkwasser infiziert wurden – und davor keinerlei Darmprobleme hatten –, ein Reizdarmsyndrom entwickelt.

Bereits zuvor wussten Forscher, dass sowohl Reizdarmsyndrom als auch andere entzündliche Darmerkrankungen mit einem steigenden Risiko für Angstzustände und Depressionen einhergehen.

Die Zahl der Doppeldiagnosen liegt zwischen 30 und 50 Prozent.

In Walkerton konnten die Forscher über Krankenblätter und Interviews mit allen Patienten früh diejenigen identifizieren, die bereits vor dem Ausbruch an chronischen Darmproblemen und psychischen Erkrankungen litten.

Sowohl die Forscher als auch die behandelnden Ärzte und Pfleger notierten dann einen deutlichen Anstieg von

Der Zusammenhang zwischen einem Reizdarmsyndrom und einer psychischen Erkrankung ist wechselseitig. Damit meint man, dass jemand, der an Angstzuständen oder Depressionen leidet, leichter auch chronische Darmprobleme bekommen kann. Umgekehrt scheint es sogar noch häufiger zu sein: Chronische Magen-Darm-Probleme lösen ein schlechteres psychisches Befinden aus.

psychischen Problemen unter denen, die davor gesund waren, aber die Ergebnisse gingen nicht in die Studie ein und wurden nie veröffentlicht.

Der entscheidende Faktor ist hier die Entzündung selbst. Wie diese exakt abläuft, sehen wir in einem späteren Abschnitt.

Die Erfahrungen von Walkerton sind natürlich extrem auffällig. In den USA berechneten die »Zentren für Seuchenkontrolle und -prävention« CDC (Centers for Disease Control and Prevention), dass jeder sechste Amerikaner – das sind 54 Millionen – jährlich von einer Lebensmittelvergiftung betroffen ist. Sollten die Zahlen von Walkerton repräsentativ sein, wäre das eine ganz neue und wichtige Erklärung für die jährlich in die Millionen gehenden Fälle von sowohl chronischen Darmproblemen als auch psychischen Erkrankungen. Nicht nur in den USA, sondern in der ganzen Welt. Trotzdem wird dies in der Debatte über psychische Erkrankungen selten erwähnt.

Das Beispiel Walkerton hätte vielleicht ad acta gelegt werden können, wenn wir nicht noch einen anderen, ähnlich gelagerten Fall gefunden hätten.

In der norwegischen Stadt Bergen brach 2004 eine wasserbürtige Krankheit aus, diesmal durch den Parasiten Giardia. Er ist ein häufiger Verursacher von Reisedurchfallerkrankungen, der viele auf ihrer Urlaubsreise befällt, besonders in Indien und Nepal.

Forscher der Universität Bergen entdeckten, dass viele Betroffene über Magen-Darm-Schmerzen klagten, die erst nach der Genesung von der Giardia-Infektion auftauchten. Sie nutzten die Gelegenheit, um zu verfolgen, was mit diesen Magen-Darm-erkrankten Personen weiter passierte. Die ersten Ergebnisse zeigten, dass zwölf bis 30 Monate nach dem Ausbruch über 80 Prozent Reizdarmsyndrome in irgendeiner Form entwickelt hatten. Sechs Jahre nach dem norwegischen Ausbruch konnten die Forscher feststellen, dass jeder vierte bis zehnte Betroffene, 291 von 748 Personen, die früher gesund gewesen waren, ein vollständiges Reizdarmsyndrom entwickelt hatten.

Außerdem litten fast genauso viele an chronischer Erschöpfung. Man unterschied hierbei nicht zwischen einem Erschöpfungssyndrom und der Krankheit ME/CFS, auch chronische Müdigkeit genannt. ME/CFS, die oft lebenslänglich anhält, entwickelt sich im Prinzip immer nach einer Darminfektion, zum Beispiel einer Grippe oder einer Reisedurchfallerkrankung.

Das Risiko, sowohl am Reizdarmsyndrom als auch an einem Erschöpfungssyndrom zu erkranken, war bis zu achtmal höher bei denjenigen, die sich sechs Jahre früher mit den Giardia-Erregern angesteckt hatten, als in der Kontrollgruppe mit Menschen, die nicht infiziert waren.

In diesem Fall war außerdem das Risiko deutlich bei denjenigen am größten, die am stärksten von der Magen-Darm-Erkrankung betroffen waren und mit Antibiotika behandelt worden waren.

Die Forscher, die den Ausbruch weiterverfolgten, schlussfolgerten daraus, dass ein Reizdarmsyndrom und ein sogenanntes Erschöpfungssyndrom, bei dem gewisse Symptome einer Depression ähneln, zwar mehrere Ursachen haben können, aber häufig mit Darmbakterien eines Typs zusammenzuhängen scheinen, von dem viele Patienten während einer Auslandsreise befallen werden.

Eine erneute Auswertung im Jahr 2018 zeigte, dass zehn Jahre nach dem Ausbruch in Bergen vier von zehn Betroffenen noch immer am Reizdarmsyndrom litten. Der Anteil derjenigen, die auch am Erschöpfungssyndrom litten, war dagegen von 40 Prozent auf 25 Prozent gesunken.

»Als wir bei den Ergebnissen zunächst sahen, dass 40 Prozent ein Reizdarmsyndrom und chronisches Erschöpfungssyndrom entwickelt hatten, waren wir total verblüfft und dachten, dass uns das niemand glauben würde. Es gab nichts Vergleichbares in der Fachliteratur«, so Nina Langeland, Professorin für Infektionskrankheiten an der Universität Bergen.

Es scheinen offenbar nur die Ausbrüche in Bergen und Walkerton genauer untersucht worden zu sein, und so frage ich Nina Langeland, warum das so ist, wenn doch Magen-Darm-Erkrankungen und psychische Erkrankungen so häufig vorkommen.

»Ich finde das auch höchst verwunderlich. Große Ausbrüche sind recht selten und werden von Behörden oft nur über einen kurzen Zeitraum weiterverfolgt. Dann analysieren Forscher die Mikroben im Labor. Um es aber wirklich zu erforschen, muss man die Patienten draußen treffen und nach einem möglichen Muster suchen, wenn ungewöhnlich viele von ihnen über Müdigkeit und Darmprobleme klagen, obwohl sie von der ursprünglichen Infektion geheilt sind«, erklärt Nina Langeland.

»Die Ergebnisse von Walkerton scheinen voll und ganz mit unseren übereinzustimmen. Ich glaube, dass diese Probleme hier eine Folgeerscheinung von vielen verschiedenen Bakterien und Parasiten sind, die Darminfektionen verursachen. Wir wüssten dabei gern, warum manche Menschen davon stärker betroffen sind als andere.«

Aber es gibt noch einen weiteren bekannten Ausbruch, der untersucht worden ist. Nina Langeland weist auf den Fall in Deutschland aus dem Jahr 2011 hin, bei dem mehrere Menschen ums Leben kamen, nachdem sie mit Kolibakterien vergiftete Bohnenkeime verzehrt hatten. Eine kleinere Auswertung zeigte, dass 19 Monate nach dem Ausbruch noch 22 der 31 untersuchten Patienten an chronischer Müdigkeit, Kopfschmerzen und Konzentrationsschwierigkeiten litten. Diese Beschwerden kamen in einer zweiten Welle, nachdem die Patienten zunächst wieder gesund waren.

Ergänzend zeigt eine aktuelle Studie an amerikanischen Soldaten, dass dort das Reizdarmsyndrom in hohem Maße auch eine Folge von anderen, neben Giardia häufigen Darmbakterien war.

Hier offenbart sich so deutlich ein Muster, dass es wohl kaum übersehen werden kann. Die wenigen Forscher, die sich der Sache gewidmet haben, scheinen weit verstreut und recht isoliert zu sein, ohne engeren Kontakt untereinander.

Ich habe auch Forscher gefunden, die vor erheblich leichteren Infektionen als solchen in Bergen und Walkerton warnen, denn auch diese können ähnliche Beschwerden verursachen. Im Dezember 2017 berichtete eine amerikanische Gruppe, dass sie in Tierversuchen entdeckt hatten, wie wiederholte kleine Angriffe von Salmonellen die Abwehr im Darm langsam abbauen.

Bei jedem Vorfall war die Lebensmittelvergiftung so gering, dass sie nahezu unbemerkt blieb, wodurch aber auch die Produktion des Enzyms untergraben wurde, mit dem der Körper das Gift der angreifenden Bakterien abbaut.

Die alarmierende Schlussfolgerung der Forscher war, dass wiederholte kleine Lebensmittelvergiftungen eine Kette von Ereignissen auslösen könnten, die letztlich in schweren Darmentzündungen münden.

In Walkerton entnahmen die Forscher auch Stuhlproben bei den am Reizdarmsyndrom erkrankten Einwohnern. Es zeigte sich, dass deren Darmflora geschädigt und im Ungleichgewicht war. Danach führte man Tests durch, in denen man den Stuhl in Mäuse transplantierte, mit dem Ergebnis, dass die Mäuse Anzeichen gesteigerter Angst zeigten.

Dass eine psychische Erkrankung nicht nur durch aggressive Bakterien und eine Darmflora im Ungleichgewicht ausgelöst werden kann, sondern sogar durch eine Stuhl-Transplantation – zumindest von Menschen in Mäuse –, war zu dem Zeitpunkt für die Forscher völlig überraschend.

Es sollte eigentlich keine Überraschung sein, dass Bakterien psychische Beschwerden verursachen können. Das Bakterium, das Syphilis verursacht, kam mit keinem geringeren als Christoph Kolumbus nach Europa, als er von Amerika zurückkehrte. Anfangs waren es widrige Symptome mit Beulen am ganzen Körper, die bald anfingen zu faulen, bis die Patienten zum Schluss durch den Tod erlöst wurden. Aber Bakterien, die so giftig sind, dass man sofort daran stirbt, stellen sich selbst ein Bein und beschränken ihre eigenen Möglichkeiten der maximalen Vermehrung. Mit der Zeit mutierten die Syphilisbakterien, wurden weniger tödlich, aber sie entwickelten sich zu den ersten Bakterien, die dafür bekannt waren, eine psychische Erkrankung zu verursachen. Ein Heilmittel fand sich erst mit der Entdeckung des Antibiotikums.

Vor gut zehn Jahren schrieb ich ein Buch darüber, wie Bakterien wie Campylobacter, Escherichia coli und Salmonellen sich innerhalb weniger Jahrzehnte so entwickelten, dass sie wesentlich aggressiver und ansteckender wurden. Damals war die bekannte Ernährungsexpertin und Mikrobiologin Marion Nestle von der New York University eine derjenigen, die mich darauf aufmerksam machten. Sie erklärte, wie die moderne Tierhaltung in Großmastbetrieben ein perfektes Treibhausmilieu für die schnelle Vermehrung von ansteckenden Bakterien und Viren erzeugte.

Die heutigen Tierfabriken bieten ein Milieu von vielen genetisch sehr ähnlichen Rindern, Schweinen und Hühnern, die auf schnellstmögliches Wachstum gezüchtet werden, aber mit einem schwachen Immunsystem ausgestattet sind. Ein Bakterium könnte sich keine bessere Umgebung wünschen, um sich unter die Tiere zu mischen und zu mutieren.

In vielen Fällen sind sie dabei zu neuen Varianten mutiert, die noch giftiger sind und sich schneller und auf neue Art vermehren. Dies verläuft unabhängig davon, dass wir darüber hinaus eine schnell anwachsende Antibiotikaresistenz haben. Es ist der Preis, den wir für die Massenproduktion von billigem Fleisch zahlen müssen.

Es gibt viele Beispiele, wie die Salmonellen, die Anfang der 1970er-Jahre erstmals so mutierten, dass sich Bakterien in die Schale eines Eies setzen konnten. Oder EHEC, das bis in die 1980er-Jahre völlig unbekannt war. Damals tauchte es aus dem Nichts auf und verursachte einen tödlichen Ausbruch in einer amerikanischen Hamburgerkette. Heute ist EHEC unter Rindern weltweit verbreitet.

Praktisch kein Bakterium, vor dem wir heute warnen und das jedes Jahr überall auf der Welt Millionen von Lebensmittelvergiftungen verursacht, hat in seiner heutigen Form schon vor 50 Jahren existiert.

Nützlich oder nur gefährlich?

Im vorherigen Kapitel wurden wir aufgefordert, ruhig einmal Erde zu essen und nicht übertrieben hygienisch zu sein. Nun heißt es hier, dass Magen-Darm-Bakterien ernsthafte und langwierige Probleme verursachen. Wie passt das zusammen?

In der Tat gibt es hier ein Dilemma. Wir können nicht so tun, als wären wir von einer Umwelt umgeben, die in perfektem Gleichgewicht ist, wie die Urbevölkerung am Amazonas, wo die Kinder ohne Risiko ein paar Krümel Erde essen können.

Wie ich im vorherigen Kapitel bereits schrieb, müssen wir unser Immunsystem stärken, indem wir unsere Darmflora bakteriell bereichern. Aber dazu braucht es auch gesunden Menschenverstand und eine gewisse Wachsamkeit, um die Verunreinigungen zu vermeiden, die es bei uns gibt. Auf lange Sicht müssen wir in unserem Umfeld ein stabiles Ökosystem schaffen, nicht zuletzt in der gesamten Lebensmittelkette.

Das erfordert ein Umdenken. Hundert Jahre lang galt die einseitige Strategie, Bakterien stets zu vernichten. Das ist mit verbesserter Hygiene gelungen, aber auch größtenteils mithilfe von Antibiotika und anderen Sterilisierungen, die unterschiedslos alle Bakterien erledigten – gute wie schlechte.

Der springende Punkt ist die starke Abwehr: Wenn wir einen gesunden Darm haben, braucht es Tausende Salmonellen, bis wir krank werden, ist aber die Darmschleimhaut verletzt, können ein paar wenige ausreichen.

Eine Antwort ist also das durchgehende Thema dieses Buches: Essen Sie abwechslungsreich und Nahrungsmittel mit vielen Ballaststoffen, die Ihre persönliche mikrobiotische Abwehr stärken. Eine weitere Antwort ist natürlich, den Ratschlägen der Behörden zu folgen: Waschen Sie das Gemüse, verwenden Sie die Küchenmesser separat, lagern Sie Vorräte kühl und erhitzen Sie sorgfältig die Speisen.

Aber das Optimale wäre, wenn die Verantwortung für sichere Lebensmittel aus der Küche der Verbraucher wieder zurück auf die Bauernhöfe verlagert würde. Denn das Problem wäre auch dort zu lösen, mit artgerechten Tierschutzregeln, biologischer Vielfalt und Bauern, die einen hohen Standard auch bezahlt bekommen, bei dem es den Tieren gut geht und keine giftigen Bakterien massenhaft gedeihen können.

Um diese Ziele zu erreichen, wären viele verschiedene Ansätze erforderlich. Einer davon wäre, zu älteren Tierrassen zurückzukehren, die größere genetische Unterschiede aufweisen und etwas langsamer wachsen, dafür aber gesünder und widerstandsfähiger sind. Obendrein braucht man dann weniger Antibiotika.

Den Preis für billiges Fleisch muss immer jemand zahlen. Am häufigsten das Tier selbst, aber meine Recherche zeigt auch, dass der Preis, den wir selbst zahlen müssen, unerwartet hoch ist und zu der Welle der psychischen Erkrankungen mit beigetragen haben kann.

Die Kunst, Bakterien zu töten

Niklas und ich töten nicht gern unnötig Bakterien. Aber manchmal ist diese Maßnahme notwendig, um die Gefahr von Bakterien wie Campylobacter und EHEC im Fleisch abzuwehren. Dabei muss man Temperatur und Zeit beachten: Erhitzt man Fleisch auf 75 °C, sterben genauso viele Bakterien in einer Sekunde ab wie während 15 Minuten bei 65 °C. Es sollten also rund 70 °C sein, wenn man Fleisch brät.

Frikadellen müssen besonders gut erhitzt werden, weil die Bakterien, die anfangs auf der Außenfläche saßen, nun in der Mitte sitzen können.

Fakten: Depression

Nach neuen Berechnungen, die die Weltgesundheitsorganisation WHO 2017 präsentierte, ist Depression die Hauptursache für Erkrankungen und Funktionseinschränkungen in der Welt. Mehr als 300 Millionen Menschen leiden an Depression, und jeder Sechste ist einmal in seinem Leben betroffen.

Es gibt enge Zusammenhänge zwischen Depression und einer Reihe weiterer Krankheiten sowie Drogen- und Medikamentenmissbrauch und sogar Selbstmord. Laut WHO steigt durch eine Depression das Risiko für Herz-Kreislauf-Erkrankungen und Diabetes. Und auch umgekehrt gilt: Personen mit diesen Erkrankungen können leichter eine Depression bekommen.

Auch Parkinson, Alzheimer, Reizdarmsyndrom (IBS) sowie chronisch-entzündliche Darmerkrankungen (IBD), Fettleibigkeit, Psoriasis, Multiple Sklerose, Autismus und viele andere Krankheiten steigern das Risiko für eine Depression.

Typische Symptome einer Depression sind Energiemangel, Appetitlosigkeit, Konzentrationsstörungen, Rastlosigkeit, sich wertlos und schuldig zu fühlen, Hoffnungslosigkeit bis hin zu Gedanken an Selbstverletzung oder Selbstmord.

Was ist eine durchlässige Darmwand?

Es ist Zeit, eine Magen-Darm-Erkrankung genauer unter die Lupe zu nehmen. In den Zellwänden der Magen-Darm-Bakterien befindet sich das Gift Endotoxin. Es steckt in vielen Bakterien, entscheidend sind aber die Menge und Stärke, die Krankheitserreger von ungefährlichen Bakterien unterscheiden.

Dieses Gift ist ein Antigen, das unsere Immunabwehr in Gang setzt. Es kann aber auch die Zellen unserer eigenen Darmwände so paralysieren, dass sie sich häufiger teilen, was zu einer sogenannten durchlässigen Darmwand führt. Plötzlich wird der Zwischenraum zwischen den Zellen in der Wurstpellen-dünnen Darmwand etwas größer.

Im Normalfall passieren die Darmwand nur fein verteilte Nahrungsmoleküle, die wir mit dem Essen aufnehmen, aber die größeren Lücken ermöglichen es auch größeren Molekülen, sich hindurchzudrängen.

Wenn sich dann so auch das Gift durch die Darmwände drängen kann, aktiviert es unsere Immunzellen und verursacht bereits in kleinen Dosen eine messbare Entzündung, die chronisch werden kann. Es kommt vor, dass wir uns dadurch krank fühlen und es uns schlecht geht, die Entzündung kann aber auch für längere Zeit relativ unbemerkt verlaufen und dabei eine Reihe anderer Krankheiten verursachen.

Wir wissen dies, weil Forscher im Jahr 2001 Menschen so niedrige Dosen von Endotoxinen injiziert haben, dass sie keinen Magen-Darm-Infekt auslösten. Aber auch diese sehr niedrigen Dosen führten zu phasenweiser Angst und Niedergeschlagenheit.

Es scheint also eine regelrechte Katastrophe auf uns zuzukommen, die die Entwicklung von chronischen Entzündungen und davon abhängigen Krankheiten wie psychischen Erkrankungen begünstigt. Während unsere schützende Darmflora durch einseitiges und ballaststoffarmes westliches Essen verarmt, bieten wir gleichzeitig besonders den Bakteriensorten, die nicht nur angestiegen, sondern auch noch giftiger geworden sind, einen Nährboden. Und diese Bakterien können eine Kettenreaktion auslösen, die zu Angstzuständen und Depression führt.

So schützen Sie sich in zwei einfachen Schritten

Mit ausgewogener, ballaststoffreicher Kost unterstützen Sie die Gesundheit Ihrer Darmflora und verkraften in der Folge mehr Magen-Darm-Bakterien, ohne daran zu erkranken.

Wenn Sie Fleisch essen: Achten Sie darauf, dass es von gesunden Tieren stammt, die nicht den größten Teil ihres Lebens dicht zusammengepfercht standen.

Bauchschmerzen

Ein Reizdarmsyndrom (RDS, englisch: IBS, irritable bowel syndrome) ist eine sehr häufige Ursache von Verdauungsproblemen, von denen zehn bis 15 Prozent der Bevölkerung betroffen sind, am häufigsten Frauen. RDS wurde früher als nichtentzündlich eingestuft, wurde aber in den vergangenen Jahren mit niederschwelligen Entzündungen in Verbindung gesehen.

Chronisch-entzündliche Darmerkrankungen (CED, englisch: IBD, inflammatory bowel disease) ist eine Sammelbezeichnung für verschiedene Erkrankungen mit deutlich chronischer Entzündung in der Darmwand oder in der Darmschleimhaut. Die beiden häufigsten sind Morbus Crohn und Colitis ulcerosa. Es gibt zahlreiche Begleiterkrankungen mit einer Reihe anderer Erkrankungen und RDS/CED. Dazu gehören unter anderem ME/chronische Müdigkeit, aber auch Autismus.

Uralte Direktverbindung vom Bauch zum Hirn

Die Natur hat uns so programmiert, dass wir ruhiggestellt werden, wenn wir eine Infektion haben. Eine schlaue Lösung, die wahrscheinlich entwickelt wurde, um uns zur Ruhe zu zwingen und damit wir Kraft sammeln, aber auch, um uns daran zu hindern, die Krankheit weiterzuverbreiten.

Entsprechend können wir auch unglaublich schnell und treffsicher die subtilen Anzeichen erkennen, wenn jemand krank wird: etwas bleichere Haut, leicht hängende Mundwinkel und Augenlider sowie eine etwas zusammengesunkene Körperhaltung. Viele Tiere können Krankheiten sogar riechen.

Bei Magen-Darm-Erkrankungen wird unsere Reaktion von der Immunabwehr geregelt, die nicht nur die aggressiven Magen-Darm-Bakterien angreift, sondern auch über Botenstoffe (sogenannte Zytokine) dem Gehirn mitteilt, dass wir uns müde, fiebrig, matt und energielos fühlen sollen.

Fakten

So beeinflussen Magen-Darm-Bakterien Ihre Gefühle

Schritt 1. Sie fangen an, sich schlecht und unruhig zu fühlen. Ihre freundlich gesinnten Darmbakterien werden nämlich von unwillkommenen Besuchern angefallen. Die Zellen in der Darmwand schlagen Alarm, indem sie den Botenstoff Serotonin aussenden, wodurch sich die Muskeln im Darm rundherum zusammenziehen und vielleicht auch etwas alarmierend knurren. Dann tastet sich der Botenstoff über den Vagusnerv hinauf zum Gehirn. Dadurch fühlen Sie ein leichtes Unbehagen.

Schritt 2. Nach 24 bis 48 Stunden haben Sie eine richtige Magen-Darm-Erkrankung mit Durchfall. Sie zeigt, dass Ihre eigene Immunabwehr in Gang gekommen ist und den Kampf gegen die Eindringlinge aufgenommen hat. Es wird mehr Serotonin ausgestoßen, wodurch der Bauch sich in Krämpfen zusammenzieht.

Gleichzeitig sprüht die Immunabwehr Zytokine aus, die die Immunzellen im ganzen Körper vor der Gefahr warnen. Jetzt arbeitet die Immunabwehr auf Hochtouren. Der Kampf soll gewonnen werden, auch wenn ein Teil der eigenen Zellen dabei auf der Strecke bleibt. Durch Fieber und Kopfschmerzen fühlen Sie sich richtig ausgeknockt.

Schritt 3. Ihr Hormonsystem wird in der gesamten sogenannten HPA-Achse oder Stressachse aktiviert. Zu Beginn schicken die Zytokine des Immunsystems Stoffe aus, die die Produktion von Dopamin, Serotonin, Noradrenalin sowie die des Schilddrüsenhormons Thyroxin dämpfen. Das trägt dazu bei, dass Sie sich krank, niedergeschlagen und energielos fühlen.

Nach einiger Zeit steigt die Ausschüttung des Stresshormons Kortisol, die mithilft, die Immunabwehr zu dämpfen, sodass diese proportional zur Anzahl der angreifenden Bakterien reagiert. Eine Nebenwirkung des Kortisols ist es, Angstzustände auslösen zu können.

Eine niederschwellige chronische Entzündung kann daher zu einem anhaltend niedrigen Spiegel der Botenstoffe Noradrenalin, Dopamin und Serotonin führen, die alle auf unterschiedliche Art und Weise unser Wohlbefinden beeinflussen.

Noradrenalin beeinflusst das Wachgefühl, die Aktivität sowie die Konzentrationsfähigkeit und wird bei niedrigem Spiegel mit Depression in Verbindung gebracht. Dopamin spielt im Belohnungssystem eine zentrale Rolle, während Serotonin von Schlaf und Appetit bis zur Laune und zum Wohlbefinden alles beeinflusst. Entzündungen beinhalten daher immer auch eine ständige Produktion von angsthervorrufenden Stresshormonen.

Würzige Tomatensuppe mit Linsen und Koriander

Bei dieser Suppe werden Kindheitserinnerungen wach. Wenige Speisen können so wunderbar schmecken! Voller Ballaststoffe und anderer gesunder Kräuter ist die Suppe auch noch. Das Lycopin in den Tomaten ist übrigens gut für die Prostata.

4 Portionen

1 rote Chilischote
3 Schalotten
3 Knoblauchzehen
2 EL Olivenöl
1 EL Koriandersamen, gemahlen
1 EL Fenchelsamen, gemahlen
800 ml Tomatensaft
200 ml Wasser
300 ml grüne Linsen, vorgekocht
Salz
2–3 EL Zitronensaft
6–8 Blätter vom Staudensellerie

1. Chilischote halbieren und die Kerne entfernen.
2. Zwiebel und Knoblauch schälen und hacken.
3. Bei mittlerer Hitze Chili, Zwiebel und Knoblauch in Olivenöl in 1–2 Minuten dünsten, ohne dass sie Farbe annehmen.
4. Koriander und Fenchel zugeben und kurz mitbraten.
5. Tomatensaft und Wasser zugießen, aufkochen und 20 Minuten köcheln lassen.
6. Die Linsen hinzufügen.
7. Mit Salz und Zitronensaft abschmecken, nochmals erhitzen und mit den Staudenselleriebättern garniert servieren.

Socca – Pfannkuchen aus Kichererbsen mit Rucola, Pecorino und Olivenöl

»Socca de Nice« ist ein traditionelles provenzalisches Gericht, das auf den Straßen von Nizza verkauft wird. Aber das Rezept ist längst bis nach Ligurien gewandert. Kichererbsen enthalten gute Ballaststoffe für den Darm.

4 Portionen

200 ml Kichererbsenmehl
4 EL Olivenöl
½ TL Salz
250 ml Wasser
1 Bund Rucola
100 g Pecorino
schwarzer Pfeffer, frisch gemahlen
2 EL Olivenöl zum Servieren

1. Kichererbsenmehl, Olivenöl, Salz und Wasser zu einem Teig verrühren.
2. Bei Zimmertemperatur 1 Stunde stehen lassen (eventuell etwas mehr Wasser hinzufügen, damit der Teig flüssiger wird).
3. Den Backofen auf 220 °C vorheizen.
4. Eine Tarteform (oder eine gusseiserne Pfanne mit 25–30 Zentimeter Durchmesser) mit Olivenöl einölen. Den Teig hineingießen.
5. Die Form in den Ofen stellen und 12–15 Minuten backen, bis der Teig fest geworden ist und etwas Farbe bekommen hat.
6. Herausnehmen und mit Rucola, Pecorino, frisch gemahlenem schwarzen Pfeffer und Olivenöl garnieren.

Roher Wirsingsalat mit Avocado, Chili und Buchweizen

Der Buchweizen, den wir in diesem Salat verarbeiten, ist eigentlich gar kein Getreide, sondern ein Verwandter des Rhabarbers. Er ist von Natur aus glutenfrei und enthält außerdem reichlich Magnesium, an dem es vielen mangelt, sowie Ballaststoffe, die den Darmbakterien guttun. Die beste Voraussetzung, keine Intoleranz zu entwickeln, ist, sich nicht einseitig zu ernähren. Wechseln Sie ab!

4 Portionen

100 ml Buchweizenschrot
3 EL Speiseöl
1 ganzer Wirsing
1 TL Salz
2 rote Chilischoten
2 Avocados
1 Limette

1. Buchweizen in reichlich kaltem Wasser einweichen und mindestens 8 Stunden, am besten aber über Nacht, in den Kühlschrank stellen.
2. Das Wasser abseihen, danach den Buchweizen noch mehrfach mit kaltem Wasser spülen, bis das Wasser klar und die Stärke entfernt ist. Im Sieb gut abtropfen lassen.
3. Buchweizen in einer Pfanne bei mittlerer Temperatur in Speiseöl goldbraun und knusprig braten – am besten nach und nach in 2–3 Portionen aufgeteilt. Auf Küchenpapier abtropfen lassen.
4. Vom Wirsing die holzigen oder faulen Außenblätter entfernen.
5. Wirsing in 4–5 Millimeter dünne Streifen schneiden und diese in kaltem Wasser waschen. In einer Salatschleuder trocknen oder mit einem Küchentuch trocken tupfen.
6. Den Kohl salzen und gut durchkneten, bis Flüssigkeit austritt, das Gemüse dunkler wird und angenehmer zu kauen ist (sollte es zu viel Salz sein, in kaltem Wasser waschen und wieder trocknen).
7. Chilischote der Länge nach halbieren und die Kerne entfernen. Schote fein hacken.
8. Die Avocados halbieren, das Fruchtfleisch mit einem Löffel herauslösen und grob würfeln.
9. Avocado, Chili und Wirsing vermengen. Limettensaft darüber auspressen und eventuell mit etwas mehr Salz abschmecken.
10. Gerösteten Buchweizen zerhacken oder mörsern und über den Salat streuen.

ESSEN UND BEFINDEN

KAPITEL 7

Vom Fischfett zu den Ballaststoffen

Für die moderne Wissenschaft war es eine langwierige Reise bis zu der Erkenntnis, dass Bauch und das persönliche Befinden zusammenhängen. Ein kurzer Überblick:

Der britische Forscher Michael Crawford sorgte 1972 für Aufsehen, als er eine Studie zur Bedeutung von Omega-3-Fettsäuren für die Hirnentwicklung veröffentlichte. Bald meldeten auch andere Forscher Erkenntnisse über den Zusammenhang zwischen einem Mangel an gesundem Fischfett und einer psychischen Erkrankung.

Ende des 20. Jahrhunderts lag der Fokus auf Untersuchungen, ob verschiedene Vitamine und Mineralien unsere mentale Gesundheit beeinflussen könnten. Eine ganze Reihe spannender Ergebnisse zu Zink und Magnesium machten die Runde.

Um den Millenniumswechsel kam die Debatte über das Vitamin D auf. Bald stand fest, dass das Sonnenscheinvitamin nicht nur für den Knochenaufbau wichtig ist, sondern auch hemmend auf Depressionen und andere psychische Erkrankungen wirken kann. Zu diesem Zeitpunkt wusste man noch nicht, dass Vitamin D darüber hinaus zu einer reicheren, besser ausgeglichenen Darmflora beträgt.

Berichten zufolge schien auch Folsäure Depressionen dämpfen zu können. Folsäure findet man vor allem in der Leber und anderen Innereien, aber auch in Bohnen und grünem Blattgemüse.

Ergänzungsmittel allein reichen aber nicht für diejenigen, die sich ansonsten schlecht ernähren. Deshalb richtete sich der Fokus fortan auf die Auswirkungen von Diäten. Nun sollte der Durchbruch nicht mehr lange auf sich warten lassen. In den Jahren 2009 und 2010 berichteten drei Artikel in renommierten Zeitschriften von großen Studien, bei denen Menschen über ihre Essgewohnheiten befragt worden waren. Sie zeigten, dass es Wechselwirkungen zwischen der Ernährung und psychischen Erkrankungen gibt. Ob es dabei auch einen ursächlichen Zusammenhang gibt, konnten diese Studien nicht sicher belegen. Denn auch die umgekehrte Erklärung ist denkbar: dass es denjenigen schlechter geht, die sich auch schlecht ernähren.

In der ersten Studie berichteten Forscher, die 3486 Londoner Bürger mittleren Alters untersucht hatten, dass sich das Risiko für eine Depression innerhalb von fünf Jahren für diejenigen stark erhöhte, die viel Zucker, Fett und frittiertes Junkfood aßen. Die Londoner, die sich hingegen mit viel Gemüse ernährten, waren in hohem Maße gegen Depressionen geschützt.

Ungefähr gleichzeitig zeigten Ergebnisse einer norwegischen Studie, dass eine westliche Diät mit viel Junkfood das Risiko für eine Depression ansteigen lässt, während eine traditionelle skandinavische Diät mit viel frischem Fleisch, Fisch, Gemüse und Vollkorn das Risiko für Angstzustände und Depression sinken ließ.

Dazu kam noch eine große spanische Studie, die entsprechende positive Resultate für die traditionelle mediterrane Kost nachwies.

In den folgenden Jahren wurden ähnliche Ergebnisse aus zahlreichen Beobachtungsstudien veröffentlicht. Es gab auch widersprüchliche Resultate, was allerdings nachvollziehbar ist: Keiner glaubt ja, dass das Essen allein alle psychischen Krankheiten verursacht. Immer mehr Forscher fingen an, sich für die Zusammenhänge zwischen chronischen Entzündungen und Depression zu interessieren.

Herzerkrankungen werden heute in deutlichem Zusammenhang mit solchen Entzündungen gesehen. Wer am Herz erkrankt, läuft eher Gefahr, an einer Depression zu erkranken.. Ein nächster Schritt war logischerweise, die Mittelmeerkost – mit ihren bewiesenen vorbeugenden Effekten für Herzerkrankungen und Entzündungen – daraufhin zu untersuchen, ob sie auch eine antidepressive Wirkung haben könnte.

Die Frage konnte bejaht werden. Nun fingen Forscher auf der ganzen Welt an, mit ihrem gewonnenen Zahlenmaterial den Einfluss der Ernährung auf die psychische Gesundheit jener großen Minderheit an depressiv Erkrankten zu untersuchen, die Zeichen einer erhöhten Entzündung aufwies – in verschiedenen Studien hatte es sich dabei stets um mindestens ein Drittel aller Depressiven gehandelt.

Ein Index wurde erstellt, der veranschlagte, wie viele verschiedene Einzelstoffe zu einer Entzündung beitrugen oder dieser entgegenwirkten. Mal für Mal war die Antwort, dass der schützende Einfluss des Essens am stärksten bei Personen mit einer Depression war, die gleichzeitig auch an einer erhöhten Entzündung litten.

Dieser Index wurde dann den weltweit größten und aufwendigsten Beobachtungsstudien gegenübergestellt, darunter die amerikanischen Harvard-Studien Nurses' Health Study und Women's Health Initiative. Andere Beispiele sind die spanische Predimed-Studie (die allerdings 2018 zurückgezogen wurde) und die britische Whitehall-II-Studie, die in den 1990er-Jahren dazu beitrug, Verbotswarnungen für das Tabakrauchen zu besiegeln.

Aber noch immer fehlen beweiskräftige Versuchsstudien, die die letzten Unklarheiten hinsichtlich Ursache und Wirkung bereinigen könnten. Liegt es am Junkfood, dass jemand depressiv wird, oder essen umgekehrt Depressive mehr Junkfood? Die Antwort scheint ein Sowohl-als-auch zu sein, aber in erster Linie liegt es wohl am Junkfood.

2017 gab es die erste Versuchsstudie, die besonders den Einfluss des Essens bei schwerer Depression thematisierte. Die Studie wurde in Australien durchgeführt, und die Forscher stellten sich die Frage:

Was passiert, wenn wir Patienten, die an dieser Krankheit leiden, Ernährungstipps an die Hand geben?

Man verordnete eine mediterrane Kost mit etwas weniger Fleisch als normal, aber mit mehr Olivenöl und Nüssen. Genau dieses Essen schien in früheren spanischen Studien eine so gute Wirkung zu haben.

Das Ergebnis: Nach zwölf Wochen ging es einem Drittel der Personen aus der Testgruppe so viel besser, dass sie nicht länger die Kriterien für die Diagnose erfüllten. Das ist ein Ergebnis, was auch viele Arzneimittel erzielen – aber in jenem Fall ganz ohne Nebenwirkungen.

Die mediterrane Kost war bislang lediglich für ihren positiven Effekt auf weniger gravierende Symptome wie Irritation, Müdigkeit und Antriebslosigkeit bekannt.

Die australische Studie namens SMILES war nicht besonders umfangreich, außerdem sprangen viele Probanden aus der Kontrollgruppe, die keine Ernährungstipps erhielt, ab. Sie mussten während der Studie durch andere ersetzt werden.

Im Dezember 2017 wurde eine weitere Versuchsstudie aus Australien veröffentlicht, Helfimed. Sie war fast doppelt so groß angelegt. Ihre Forscher sind zu einem sehr ähnlichen und sogar noch etwas besseren Ergebnis als ihre Vorgänger gekommen. Aber das ist nur die Hälfte der Geschichte.

Währenddessen hatten andere Forscher große Fortschritte bei der Beantwortung der Frage, welche Rolle unsere Darmflora für unser Befinden spielt, erzielt. In ihren Laborversuchen mit depressiven Probanden hatten sie Veränderungen in deren Darmflora gesehen. Fügt man alle diese Puzzleteile zusammen, wird das Bild langsam deutlich.

Einzige Nebenwirkung: Sie leben länger!

Das Essen kann Ihnen dabei helfen, dass Sie sich gut fühlen und fit sind. Es kann Ihnen aber auch helfen, gesund zu bleiben, und in vielen Fällen kann es auch Beschwerden lindern. Von Laborversuchen bis zu großen Ernährungsstudien und sogar in mehreren kleinen und mittelgroßen Versuchsstudien zeigen die Befunde in ein und dieselbe Richtung: Das Essen, das wir aufnehmen, hat einen entscheidenden Einfluss auf unser Wohlbefinden. Aber wie aussagekräftig sind die gesammelten Beweise letzten Endes?

Im Sommer 2017 trafen sich Forscher aus der ganzen Welt in der Stadt Bethesda außerhalb von Washington, D. C., zur ersten internationalen Konferenz des im Jahr 2013 gegründeten Netzwerks ISNPR (International Society for Nutritional Psychiatry Research), in dem sich Wissenschaftler aus allen Kontinenten austauschen.

Es war eine einzigartige Gelegenheit, denn erstmals fanden die führenden Experten aus zwei Wissenschaftsgebieten zueinander, die bis dahin in Parallelwelten geforscht hatten.

Auf der einen Seite: Die Forscher, die bereits den Zusammenhang zwischen unserer Nahrung und unserer psychischen Gesundheit untersuchten, lange bevor die Darmbakterien in den Fokus rückten.

Auf der anderen Seite: Diejenigen, die in späteren Jahren bahnbrechende Entdeckungen bei Untersuchungen machten, welche Rolle unsere Darmbakterien spielen, wie sie mit unserem Gehirn verbunden sind und wie sie unsere Gefühle beeinflussen.

Als diese Gruppen zusammen die Ergebnisse aus zahlreichen verschiedenartigen Studien durchgingen, waren die Schlussfolgerungen deutlich. Unsere Nahrung beeinflusst zweifelsfrei unser Befinden. Es besteht ein Zusammenhang zwischen westlichem Junkfood und psychischen Erkrankungen. Was aber noch immer fehlt, sind Studien mit Zufallsversuchen, das heißt sorgfältig durchgeführte Experimente mit vielen Teilnehmern.

Alle waren sich über die Wichtigkeit dieser Studien einig, Ursache und Wirkung zu ermitteln. Welche Patienten sind empfänglich für eine Behandlung mit Ernährungstipps? Und exakt welche Art von Ernährung wirkt am besten, egal, ob man gesund oder krank ist?

Aber angesichts der bereits globalen Epidemie von psychischen Erkrankungen sahen die Forscher, die sich in Bethesda versammelt hatten, keinen Grund, länger mit konkreten Anleitungen zu warten. Bereits jetzt, so ihre Meinung, gibt es so überzeugende Beweise aus Hunderten gut gemachter Studien aller Art zum positiven Einfluss der Ernährung, dass es verantwortungslos wäre, mit der Ausarbeitung von Methoden zur Diagnose und Behandlung von Depressionen mit Ernährungstipps ergänzend zur konventionellen Behandlung noch weiter zu warten. Die Ernährung müsste genauso ein selbstverständlicher Faktor bei der Behandlung und Beratung sein wie etwa sportliche Betätigung.

Die Frage nach der Ernährung für eine psychische Gesundheit konnten die Forscher bei ihrer Konferenz im Sommer 2017 in Bethesda leicht beantworten: Mediterrane Kost, aber auch traditionelles skandinavisches und japanisches Essen scheinen eine deutlich positive Wirkung auf unser Befinden zu haben, während sie dabei frei von negativen Nebenwirkungen sind.

Die einzigen Nebenwirkungen, die wir riskieren, bestehen darin, unser Herz zu stärken, das Risiko für Diabetes zu verringern und mehrere Jahre länger zu leben.

Avocadohälften mit Lachs und Chili

Avocados sind sättigend und reich an gesunden Fetten sowie an Vitaminen und Mineralien. Darüber hinaus enthalten sie sehr viele Enzyme, die bei der Verdauung des übrigen Essens auf dem Teller helfen. Hier würzen wir mit Koriander, dem Lieblingsgewürz in jenen italienischen Orten, in denen einige der langlebigsten Menschen der Welt wohnen.

4 Portionen

2 Avocados
400 g Räucherlachs
1 EL Sojasauce
2 EL Sriracha-Sauce
2 EL frischer Koriander, gehackt
1 EL Sesamkörner, geröstet
1 EL Schnittlauch, fein gehackt

1. Die Avocados halbieren, die Kerne entfernen und das Fruchtfleisch mit einem Löffel herauslösen. Die Schalen aufbewahren.
2. Avocados und Lachs in 1 mal 1 Zentimeter große Würfel schneiden.
3. Mit Sojasauce, Sriracha und Koriander vermengen.
4. Die Mischung in den vier Schalen anrichten.
5. Mit Sesamkörnern und Schnittlauch garnieren.

Gefüllte Eier mit Sardellen

Eier sind ein gutes Beispiel dafür, wie verdreht unsere Meinung zum Essen häufig ist. Zuerst waren sie für hunderttausend Jahre ein selbstverständliches, wenn auch nicht immer verfügbares Grundnahrungsmittel. Dann wurden sie plötzlich zu Cholesterinbomben. Danach wurden sie wieder als gesund rehabilitiert. Aber Vorsicht: Es soll Leute geben, die sich deshalb fast nur noch von Eiern ernähren. Dabei ist der goldene Mittelweg auch in diesem Fall der beste. Nehmen Sie lieber etwas weniger, dafür aber gute Qualität – hier am besten Bioeier.

4 Portionen

4 Eier
1 Knoblauchzehe, abgezogen
3–5 Sardellen
4 EL Mayonnaise
2 EL Crème fraîche
1 EL Zitronensaft
2 TL Dijonsenf
1 Prise Paprikapulver
2 EL Petersilie, gehackt

1. Die Eier in siedendem Wasser 9 Minuten lang kochen. In Eiswasser abkühlen.
2. Die Eier schälen, halbieren und die Dotter herausnehmen.
3. Eidotter zerkleinern, Knoblauch reiben und die Sardellen fein hacken.
4. Mit Mayonnaise, Crème fraîche, Zitronensaft und Senf verrühren.
5. Nach Wunsch mit mehr Sardellen, Knoblauch, Zitronensaft und Salz abschmecken.
6. Mit Paprikapulver und gehackter Petersilie garnieren.

Tortilla mit Estragon und Mohn

Ein Kartoffelomelett weckt nicht nur Erinnerungen an Spanien. Es bietet außerdem eine gute Möglichkeit, Reste aus dem Kühlschrank aufzubrauchen. Werfen Sie nichts unnötig weg! Ein Großteil des Essens wird auf dieser Welt für den Müll produziert. Total verrückt!

4 Portionen

6 Eier
6–8 kalte gekochte Kartoffeln
8–12 Champignons oder andere saisonale Pilze
2 Zwiebeln
2 EL Butter
1 Handvoll Spinat
8–12 Estragonblätter
1 Handvoll Rucola
3 EL Olivenöl
1 Schalotte, geschält und fein gehackt
100 ml Crème fraîche
1 EL Mohn
Salz

1. Den Backofen auf 175 °C vorheizen.
2. Eier aufschlagen und verquirlen.
3. Kartoffeln schälen und in Stücke schneiden. Pilze waschen, putzen und vierteln. Zwiebeln grob hacken.
4. Eine beschichtete Pfanne auf mittlere Temperatur erhitzen. 1 Esslöffel Butter in der Pfanne schmelzen. Pilze und Zwiebeln 2–3 Minuten darin dünsten.
5. Den Spinat hinzufügen und 1 Minute weiterdünsten, bis er zusammenfällt.
6. Die angebratene Gemüsemischung mit den Kartoffeln und Eiern vermengen.
7. Eine ofenfeste Form oder Pfanne mit geschmolzener Butter einfetten und die Eiermischung hineingeben.
8. Etwa 30 Minuten im Ofen backen.
9. Wenn die Tortilla fest geworden ist, aus dem Ofen nehmen. Die Ränder vorsichtig mit einem Pfannenheber lösen und die Tortilla auf einen Teller oder eine Platte stürzen.
10. Estragon und Rucola grob hacken. Mit Olivenöl und Schalotte vermengen. Mit Salz abschmecken und über der Tortilla verteilen.
11. Crème fraîche über der Tortilla träufeln und mit dem Mohn bestreuen.

MAHL-
ZEITEN
ALS
MUNTER-
MACHER

Teil 2

Im ersten Teil dieses Buches haben wir den Darm und die Wirkung der Bakterienflora auf unser Befinden erforscht. Nun ist es an der Zeit, dass wir uns dem Essen und seiner Bedeutung für Körper und Geist widmen. Wir blicken auf die Zubereitung der Speisen, deren Sinn für die menschliche Gemeinschaft und die Entwicklung der Menschheit sowie darauf, wie die soziale und auch nährstoffmäßige Zusammenstellung der Mahlzeiten das Kriminalitätsrisiko senkt. Wir informieren außerdem über die neuesten wissenschaftlichen Erkenntnisse der sogenannten »persönlichen Ernährung« (Nutrition) und stellen fest, dass traditionelles skandinavisches Essen viel Gutes zu bieten hat – für die Geschmacksknospen und die Gesundheit!

MIT ERFOLG AUFGETISCHT

KAPITEL 8

Rund um die Kochtöpfe

Kaum etwas hat für uns so viel Bedeutung wie die Kunst des Kochens. Erst durch sie erhielt der Mensch die notwendigen Nährstoffe und die Energie, die ihn dazu befähigt haben, eine Zivilisation aufzubauen, Theorien zu formulieren und Kunst zu schaffen. Gewissermaßen rund um die Töpfe entwickelten wir unsere Sozialkompetenz, indem wir kameradschaftlich Suppenlöffel und Mikroben teilten.

Im vorherigen Teil des Buches konnten wir an bahnbrechenden Entdeckungen teilhaben und verschafften uns einen Überblick über die aktuelle Lage der wissenschaftlichen Forschung.

In diesem Teil wollen wir herausfinden, wie wir durch die Mahlzeiten und die Wahl der Zutaten diese Erkenntnisse anwenden können, und dadurch ein wenig glücklicher werden.

Die Ausgangslage mag freilich etwas düster aussehen. Die Zeit, die eine Durchschnittsfamilie heute mit dem Kochen verbringt, hat sich in einer Generation halbiert. Zugespitzt formuliert, verbringen viele mehr Zeit damit, sich im Fernsehen Kochsendungen anzuschauen, als selbst zu kochen.

Ist das ein Beispiel dafür, dass die Zeit aus den Fugen gerät? Nein, nicht unbedingt. Niklas und andere Fernsehköche haben einen wichtigen Job, weil sie ihr Wissen auf diese Weise weitergeben und das Interesse am Kochen fördern. Wie einer meiner Lieblingsautoren, Michael Pollan, bemerkte, war die Kochkunst über Jahrtausende hinweg von einem mystischen Schimmer umgeben. Das Interesse heute zeigt, wie tief es unserer DNA eingeschrieben ist.

Sogar in der Steinzeit, meint Michael Pollan, saßen wahrscheinlich die meisten herum und sahen zu, während die Köche in den Töpfen rührten, bis sich die Zutaten auf eine fast magische Weise zu etwas mehr als nur einzelnen Rohwaren verwandelten. So ist es auch heute noch bei vielen indigenen Völkern.

Das Zuschauen beim Kochen scheint uns ein vererbtes Gefühl von Sicherheit, Zugehörigkeit und Fortschrittsglauben zu vermitteln. Mit Essen im Bauch können wir und unsere Nächsten hoffen, dass wir wieder einen Tag überleben.

Während andere Primaten mehr als sieben Stunden täglich auf ihren Pflanzenteilen herumkauen müssen, konnten wir dank unserer Kochkunst in deutlich kürzerer Zeit mehr Energie und Nahrung aufnehmen. Die Kochkunst gab uns Zeit für abwechslungsreicheres Essen und auch für Jagd und Fischfang.

Es wurde aber nicht dauernd über offenem Feuer gegrillt, sondern das Fleisch und alles Pflanzliche wanderten auch in Töpfe und wurden in Flüssigkeit gekocht. So löste sich die Stärke, das Fett im Fleisch wurde verwendet, und gleichzeitig wurden Giftstoffe neutralisiert. Dieser Fortschritt erleichterte es auch, Nahrung zu finden, weil beim Kochen mehr Rohwaren verwendet werden konnten, was unsere Vorfahren weitere Zeit einsparen ließ.

Die Kunst des Kochens existiert schon so lange, dass die Größe unserer Därme sich bereits gekochtem Essen angepasst hat. Zähne und Kieferpartie schrumpften, wodurch der Mensch das flache Gesicht erhielt, was ihn von den Affen unterscheidet. Allem Anschein nach war es sogar die Kochkunst, die unser Gehirn mit dem Rohmaterial versah, durch das es wachsen konnte.

Zuerst bereiteten wir das Essen zu. Dann bereitete es uns zu.

Der wahrscheinliche Zeitpunkt, ab dem der Mensch mit Feuer umzugehen lernte und sich die Zubereitung des Essens aneignete, liegt schätzungsweise ungefähr 1,8 Millionen Jahre zurück.

Dort, beim Übergang von den affenähnlichen Vorfahren wie dem Homo habilis zum aufrecht stehenden Homo erectus, geschahen die gewaltigsten Veränderungen im menschlichen Hirnvolumen und seiner übrigen Konstitution.

Die Länge der Unterarme und die aufrechte Haltung zeigen, dass der Homo erectus nicht länger in den Bäumen Schutz suchen konnte. Stattdessen muss das Feuer eine Voraussetzung gewesen sein, wilde Tiere in die Flucht zu schlagen.

Das Zusammenkommen zum Essen muss uns auch auf andere Weise geprägt haben. Gleichzeitig mit dem Wachsen unseres Gehirns gewöhnten sich unsere Vorfahren an Augenkontakt, sie lernten, ihre Impulse zu beherrschen und zu warten, bis sie an der Reihe waren. Bei den Mahlzeiten lernten Kinder, soziale Wesen zu sein, zuzuhören und zu argumentieren, ohne andere zu kränken und in Streit zu geraten.

Heute sehen wir das exakte Gegenteil: Menschen essen einsam oder schnell auf dem Sprung, während Hass und unversöhnliche Hetze in den anonymen sozialen Medien ansteigen. Die Nähe der Gruppe rund um das Feuer und die Töpfe beeinflusste uns auch weit tiefer. Über Jahrtausende haben unsere Vorfahren ihre Mikroben geteilt, indem sie aus denselben Schüsseln aßen und physisch eng zusammenlebten. Die Familie und die Nächsten müssen wie ein kollektives Reservoir für eine gemeinsame, gesunde Darmflora funktioniert haben.

Analysen von versteinerten Stuhlresten, die an uralten Siedlungsstellen gefunden wurden, deuten darauf hin, dass die Darmflora unserer Vorfahren mit denen der heute noch existierenden indigenen Völkern übereinstimmt. Und bei diesen sind die Unterschiede zwischen den individuellen Zusammensetzungen der Darmbakterien viel geringer als in den modernen Gesellschaften.

Dasselbe Muster können wir bei Primaten sehen: Wo sie häufig physisch Kontakt miteinander haben, ist die Darmflora am ähnlichsten. Die Gruppe teilt ein Ökosystem von Darmmikroben, die Persönlichkeiten mit ähnlichen Eigenschaften und Naturellen prägt.

Indigene Völker, die noch ihre traditionelle Lebensweise pflegen und sich größtenteils im Freien aufhalten, sind oft mit Erde und Pflanzen in Kontakt. Es ist üblich, dass sie ihre Kinder gemeinsam aufziehen und diese von Arm zu Arm wandern. Das hat einige Forscher zu der Frage veranlasst, ob die »moderne« Kernfamilie mit ihren wenigen Mitgliedern für die Entwicklung einer gesunden Darmflora wirklich ideal ist.

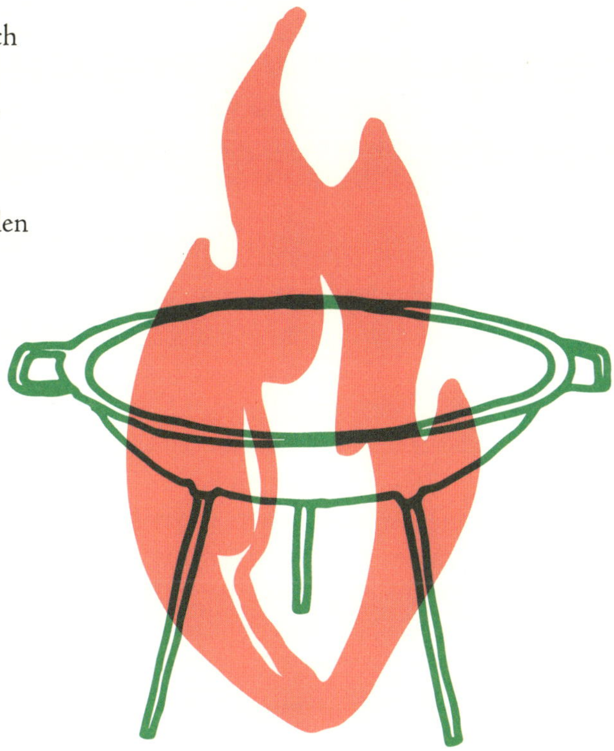

Lachende Hundertjährige

Die traditionelle Bedeutung der gemeinsamen Mahlzeiten kann man noch immer in den sogenannten »blauen Zonen« sehen – geografisch festgelegten Gebieten, in denen die Chance, hundert Jahre alt zu werden, deutlich größer ist als anderswo auf der Welt.

Während der vergangenen zehn Jahre habe ich mit Niklas mehrere Male diese Orte besucht, die auf der japanischen Insel Okinawa, im östlichen Sardinien, auf der griechischen Insel Ikaria und auf der Halbinsel Nicoya in Costa Rica liegen.

Forschungen zeigen, dass die Bewohner dieser »blauen Zonen« gesünder und seltener von Herz-Kreislauf-Erkrankungen, Demenz, Diabetes und verschiedenen Krebsarten betroffen sind.

Die blauen Zonen sind eine fantastische Quelle und gewissermaßen die lebende Quintessenz dessen, was neu auftauchende Theorien zu Ernährung und Gesundheit zu belegen versuchen. Was bei denjenigen funktioniert hat, die am ältesten geworden und am gesündesten geblieben sind, kann ja nicht ganz falsch sein.

Wie häufig genau dieses abwechslungsreiche, ballaststoffreiche und geschmackvolle Essen, von dem sich die Menschen in den blauen Zonen schon immer ernährt haben, nun von unabhängigen Forschern wegen seiner positiven Effekte auf die Darmflora und die Gesundheit hervorgehoben wird, ist schon aufsehenerregend.

Natürlich liegt nicht alles an der Ernährung, aber das Essen nimmt in den blauen Zonen eine zentrale Bedeutung ein und ist Teil einer Lebensweise, bei der man auch eine gesunde Balance zwischen physischer Aktivität und Entspannung gefunden hat und in welcher der Umgang mit Familie und Freunden wichtiger ist als die Jagd nach Statussymbolen.

Die Menschen ziehen sich selbst ihr Gemüse und halten Tiere, und ihre Kost ist nicht nur gesund, sondern sie schmeckt auch fantastisch gut. Man trifft sich bei Mahlzeiten, die oft über Stunden gehen, ist stolz auf eine gut geratene Ernte und Gerichte, lacht zusammen und redet über alles zwischen Himmel und Erde.

Es ist eine Welt, in der man sich stets willkommen fühlt!

Auf der japanischen Insel Okinawa begleitete ich einmal den 90-jährigen Fumiyasu Yamakawa in der Dämmerung hinunter zum Strand, um beim sportlichen Training der Senioren dabei zu sein. Es entpuppte sich als einstündiges, recht schweißtreibendes Workout, das mit einer zehnminütigen Yogaübung, einem Kopfstand, beendet wurde. Danach stellten sich alle auf zu einer geschmeidigen Bewegungsfolge, die von Karate und okinawischem Tanz inspiriert war.

»Yahoo!«, riefen plötzlich alle über das Meer und lachten dann, was das Zeug hielt.

»Wer einen langen Laut von sich geben kann, der lebt am längsten!«, erklärte mir Fumiyasu Yamakawa danach. »Wer viel lacht, bleibt gesund.«

Er hatte nicht unrecht. Lachen ist sicherlich gut für die Lungen, denn die Atmung dabei entspricht der des Chorgesangs, und positive Gefühle zu bejahen scheint eine stresslindernde Funktion zu haben.

Gebackener Kürbis mit Schwarzkohl, Kohlrabi und Quinoa

Kürbis enthält nicht nur viele Ballaststoffe und Beta-Carotin, in den Kürbiskernen steckt außerdem Tryptophan, das im menschlichen Körper zu Serotonin, dem sogenannten Glückshormon, umgewandelt wird. Hier tanken Sie auch reichlich Zink und Magnesium, zwei Mineralien, deren Mangel zu Depressionen beitragen kann.

4 Portionen

1 Butternut-Kürbis
4–6 Blätter Schwarzkohl
1–2 Kohlrabi
100 ml Quinoa (Trockengewicht), gekocht
½ Bund Brunnenkresse (ersatzweise Erbsensprossen)
100 g Feta
3 EL Kürbiskerne, geröstet
2 EL kalt gepresstes Rapsöl

1. Den Backofen auf 200 °C vorheizen.
2. Den Kürbis der Länge nach teilen und die Kerne herauskratzen.
3. Mit der Schnittfläche nach unten auf ein Blech legen und im Ofen ca. 40 Minuten backen, bis der Kürbis in der Mitte weich geworden ist.
4. In einem breiten Topf ca. 2 Liter leicht gesalzenes Wasser aufkochen.
5. Den Strunk der Schwarzkohlblätter herausschneiden. Kohlrabi schälen und in etwa 2 mal 2 Zentimeter große Stücke schneiden.
6. Kohlrabistücke in das siedende Wasser geben und 1 Minute kochen. Schwarzkohl hinzufügen und weitere 30 Sekunden kochen. Das Wasser abgießen und das Gemüse abdampfen lassen.
7. Den Kürbis in 6–8 Stücke schneiden und mit Kohlrabi und Schwarzkohl mischen.
8. Mit Quinoa, Brunnenkresse, Feta, gerösteten Kürbiskernen garnieren und mit Rapsöl beträufeln.

Gebratene Hähnchenbrust mit Zitronen und gegrilltem Salat

Dieses Gericht lebt von seinen Kontrasten und schmeckt unglaublich lecker! Gelingt es mit jedem Hahn immer gleich gut? Nein, wenn Sie bedenken, wie unterschiedlich die Tierschutzregeln und die Qualitätssiegel in den verschiedenen Ländern sind. Bio-Geflügel lebt etwas natürlicher und wächst etwas langsamer. Wenn Sie Hähnchen aus langsam wachsenden Rassen bekommen können, ist das ein zusätzliches Qualitätsmerkmal. Wenn Sie Fleisch mögen: Essen Sie lieber weniger, aber gutes Fleisch!

4 Portionen

1 ganzes Hähnchen
2 EL Salz
2 Zitronen und/oder Orangen, jeweils halbiert
300 ml Wasser
2 Lorbeerblätter
2 Schalotten, gehackt
3 EL Olivenöl
4 Salatherzen (z.B. Radicchio Treviso)

1. Den Backofen auf 230 °C vorheizen.
2. Hähnchen rundum gut mit Salz einreiben und das Gewürz in die Haut einmassieren.
3. Hähnchen und Zitronen in eine ofenfeste Form setzen und 20 Minuten in den Ofen stellen.
4. Die Temperatur auf 175 °C reduzieren.
5. Hähnchen mit dem Wasser übergießen und 30 Minuten weitergaren, dabei alle 5 Minuten mit dem Bratenansatz übergießen.
6. Hähnchen aus dem Ofen nehmen und vor dem Anschneiden 10 Minuten ruhen lassen.
7. Bratenflüssigkeit in einem Topf auffangen und die Zitronen gut auspressen.
8. Lorbeerblätter und Schalotten in den Topf geben, aufkochen und Flüssigkeit auf die Hälfte reduzieren.
9. Topf vom Herd nehmen und das Olivenöl hinzugießen.
10. Salatherzen längs teilen und bei hoher Temperatur 2–3 Minuten grillen (ersatzweise in einer heißen Pfanne mit etwas Speiseöl anbraten).
11. Das Brathähnchen tranchieren, die Brust auslösen, aufschneiden und mit der Zitrussauce und dem gegrillten Salat servieren.

Tipp: Das ist eines von drei Rezepten, mit denen wir zeigen möchten, wie man ein ganzes Huhn so verarbeiten kann, dass es für drei Mahlzeiten in der Woche reicht (siehe weitere Rezepte auf den Seiten 135 und 146).

Tomaten-Salsa mit weißen Bohnen, geröstetem Sauerteigbrot und Basilikum

Eine »Salsa« wie diese hier stellt der Wirt im ländlichen Italien seinen Gästen nicht selten auf den Tisch. Scheinbar nebenbei, zum Warten auf den nächsten Gang – aber insgeheim weiß er natürlich, dass die Salsa in Windeseile verputzt werden wird.

4 Portionen

3 EL gehackte Schalotten
1 TL gehackter Knoblauch
1 TL gehackte Chilischote
3 EL Olivenöl
1 EL Tomatenpüree
100 ml Weißwein
300 ml stückige Tomaten
200 ml entkernte Tomaten (in 3 x 3 cm geschnitten)
8–10 Basilikumblätter (+ Stiele)
5 Scheiben Brot (siehe Rezept Seite 208)
Olivenöl
300 ml weiße Bohnen (Trockengewicht), gekocht
100 g Parmesan
schwarzer Pfeffer, frisch gemahlen

1. Zwiebel, Knoblauch und Chili 3–4 Minuten in Olivenöl dünsten, ohne dass sie Farbe annehmen.
2. Tomatenpüree hinzufügen und 1–2 Minuten weiterdünsten.
3. Wein zugießen und auf die Hälfte reduzieren.
4. Stückige und frische Tomaten sowie die Basilikumstiele zugeben.
5. 30 Minuten bei milder Hitze köcheln lassen.
6. Die Brotrinden abschneiden und das Brot in ca. 3 mal 3 Zentimeter große Würfel schneiden.
7. Brotstücke auf ein Blech legen, mit Olivenöl beträufeln und im Backofen bei 175 °C in 3–4 Minuten goldbraun rösten (die Stücke sollten in der Mitte noch etwas weich sein).
8. Die Bohnen in der Tomatensauce erhitzen und mit den Brot-Croûtons, Basilikumblättern, Parmesan und dem frisch gemahlenen Pfeffer servieren.
9. Die Croûtons dürfen gern ein paar Minuten in der Tomatensauce ziehen, bevor sie serviert wird.
10. Funktioniert als Beilage zu Hackfleischbällchen oder gegrilltem Schweinekotelett oder zusammen mit einem grünen Salat als vollwertige Mahlzeit.

WIE ESSEN SIE EIGENTLICH?

KAPITEL 9

Mindful eating

Was haben Sie heute Morgen gegessen? Vielleicht erinnern Sie sich daran, aber wie sah es aus, wie duftete es und wie schmeckte es? Nicht nur *was* Sie essen, sondern auch *wie* Sie essen, beeinflusst Ihre Stimmung. Brandneue Forschungen, die von der EU-Kommission finanziert wurden, deuten darauf hin, dass diejenigen, die bewusst essen, weniger häufig deprimiert sind. Achten Sie also darauf und essen Sie mit all Ihren Sinnen!

Schon länger wissen wir, dass man abnimmt, in besserer seelischer Verfassung ist und seltener von Herz-Kreislauf-Erkrankungen betroffen, wenn man bewusst und in Ruhe isst. Es gibt auch Hinweise, die darauf hindeuten, dass Achtsamkeit ganz allgemein eine positive Wirkung auf Depressionen hat.

»Dies ist die erste Studie, die dieses Phänomen untersucht, und wir können noch nicht sagen, was Ursache und was Wirkung ist. Aber der direkte Zusammenhang erwies sich faktisch als noch enger, als wir es anfangs vermuteten«, äußert sich die Forschungsleiterin Laura Winkens der Vrije Universiteit in Amsterdam.

Eine faszinierende neue Studie im Rahmen des MoodFOOD-Projektes der EU zeigt, dass derjenige, der bewusst isst, seine Sinneseindrücke fokussiert und sich während der Mahlzeit nicht von anderen Dingen ablenken lässt, ein geringeres Risiko für Depressionen hat.

An ihrer ehrgeizigen Studie nahmen 4500 Personen in Dänemark, den Niederlanden und Spanien teil. Der Effekt war in allen drei Ländern gleich.

Woher kommt das? Laura Winkens' Hypothese lautet, dass wir mehrere Fliegen mit einer Klappe schlagen, wenn wir lernen, bewusst zu essen. Zuerst vermeiden wir Süßigkeiten, Kuchen und ungesundes Junkfood, das eine automatische Reaktion auf unbewusstes Essen ist. Zusätzlich interessieren wir uns mehr für gesundes, abwechslungsreiches und gut zubereitetes Essen.

Was ist also *mindful eating* (dt. etwa: »achtsam essen«)?

Die Gruppe um Laura Winkens hat eine Methode erarbeitet, die auf vier Faktoren aufbaut:

- **Fokussiertes Essen.** Erleben Sie Geschmacksnoten und Aromen. Nehmen Sie Mahlzeiten mit allen Ihren Sinnen auf und lassen Sie sich dabei Zeit. Betrachten Sie Ihr Essen, stellen Sie sich vor, wie es schmecken wird, wie es sich anfühlt, wie es riecht oder wie es sein wird, wenn Sie darauf herumkauen. Registrieren Sie mit allen Ihren Sinnen, wie sich das Essen im Mund anfühlt.

  Laura Winkens: »Machen Sie einen tiefen Atemzug, bevor Sie mit dem Essen beginnen. Legen Sie die Gabel nach jedem Bissen an die Seite.«

- **Erforschen Sie Hunger und Sättigungsgefühl.** Essen Sie nur, wenn Sie hungrig sind. Hören Sie auf zu essen, sobald Sie satt sind, auch wenn noch Essen auf dem Teller liegt. Experimentieren Sie damit, eine Weile hungrig herumzulaufen, und lernen Sie, zwischen richtigem Hunger, spontanen Gelüsten und allgemeiner Rastlosigkeit zu unterscheiden.

  Laura Winkens: »Die meisten wissen nicht, was Hunger ist. Essen Sie nicht nur, weil Sie es zu einer bestimmten Zeit immer tun. Trinken Sie ein Glas Wasser und testen Sie, ob die Hungergefühle dann verschwinden. Bei echtem Hunger funktioniert das nicht. Legen Sie sich zuerst wenig Essen auf den Teller und nehmen Sie erst dann nach, wenn Sie noch immer hungrig sind.«

- **Bewusstes Essen.** Vermeiden Sie, automatisch zu essen. Halten Sie stattdessen inne und denken Sie darüber nach, ob Sie wirklich essen müssen. Zeigen Sie Respekt für das Essen, die Arbeit und die Energie, die dafür investiert wurden. Erforschen Sie Ihre Gedanken rund um das Essen.

  Laura Winkens: »Typisch für automatisches Essen ist, dass man Chips in sich stopft, und schwups ist die Tüte leer. Oder Sie nehmen einen neuen Bissen, nachdem Sie den ersten kaum heruntergeschluckt haben. Mein Tipp: Servieren Sie Obst und Nüsse ungeschält, damit Sie gezwungen sind, innezuhalten.«

- **Lassen Sie sich nicht beim Essen stören.** Essen Sie an einem gedeckten Tisch, ohne dabei auf Ihr Telefon oder den Fernseher zu schauen. Essen Sie nicht am Schreibtisch, nicht im Auto oder auf der Fahrt in öffentlichen Verkehrsmitteln. Essen Sie gern zusammen mit anderen, aber in Stille mit voller Konzentration auf das Essen, zumindest zu Beginn der Mahlzeit.

  »Zusammen mit anderen zu essen hat natürlich einen sehr guten sozialen Effekt, und die gemeinsame Mahlzeit spielt für die Familie eine wichtige Rolle. Aber gerade wenn es um das bewusste Essen geht, kann dies auch negative Seiten haben, um die man besser auch weiß; so etwa, dass man leicht das Essverhalten der anderen nachahmt oder dass ein Gespräch auch ablenken kann. Ich finde, es ist eine gute Idee, dass man zusammen isst, aber nehmen Sie sich vor, anfangs in Stille zu essen«, meint Laura Winkens.

In allen an der Untersuchung teilnehmenden Ländern ließ sich für drei der vier Faktoren ein starker Zusammenhang von Essverhalten mit dem Risiko, an einer Depression zu erkranken, belegen. Der Faktor »Hunger und Sättigungsgefühl« wurde jedoch nur in den Niederlanden erforscht, wo sich keine eindeutigen Parallelen zeigten. Das verwunderte die Forscher, aber Laura Winkens glaubt, dass das fortgeschrittene Alter der Teilnehmer deren Appetit beeinflusst haben könnte.

Im nächsten Schritt will man herausfinden, warum bewusstes Essen eine eindeutig positive Wirkung auf die Psyche hat. Man will hier insbesondere untersuchen, ob es sich dabei um einen ursächlichen Zusammenhang handelt.

»Diejenigen, die bewusst essen, scheinen weniger Kalorien zu sich zu nehmen als andere. Eine Erklärung könnte sein, dass sie die vorangegangenen Mahlzeiten besser in Erinnerung behalten. Sicherlich führt *mindful eating* auch zu einer gesünderen Auswahl der Nahrungsmittel«, so Laura Winkens.

Testen Sie sich selbst: Essen Sie bewusst eine Rosine.

Das ist eine klassische Übung für *mindful eating.*

1. Schauen Sie sich die Rosine an, als sähen Sie so etwas zum ersten Mal. Entdecken Sie jedes Detail ihrer Form.
2. Finden Sie heraus, wie viele Farben Sie sehen können.
3. Halten Sie die Rosine gegen das Licht. Nehmen Sie alle dunkleren und helleren Flächen wahr.
4. Schließen Sie die Augen und verlassen Sie sich auf Ihr Gefühl. Ist die Rosine weich oder hart? Eckig oder rund?
5. Riechen Sie an der Rosine. Weckt das irgendwelche Erinnerungen?
6. Horchen Sie an der Rosine! Halten Sie sie sich ans Ohr, drücken Sie darauf und rollen Sie sie zwischen den Fingern. Versuchen Sie wahrzunehmen, wie sich die Rosine anhört.
7. Schmecken Sie an der Rosine. Legen Sie sie eine Weile auf die Zungenspitze, bevor Sie die Rosine in den Mund nehmen und mit allen Geschmacksknospen erspüren.
8. Zum Schluss beißen Sie ein kleines Stück ab. Wie ist das? Nehmen Sie noch einen kleinen Bissen.
9. Spüren Sie das Signal, wenn Ihr Körper die Rosine herunterschlucken will, aber warten Sie noch etwas. Denken Sie für einen Moment über die gewaltige Reise nach, die die Rosine vom Anbau über den Transport und in die Läden bis zu dem Augenblick hinter sich hat, für den sie vorgesehen war, den Weg durch Ihren Rachen.
10. Schlucken Sie die Rosine herunter. Spüren Sie nach, was das in Ihrem Körper bewirkt.

Fakten: Resistente Stärke

Stärke ist die Form, in der Pflanzen Energie speichern. Anders als bei herkömmlichem Zucker haben die Zuckermoleküle in Stärke die Form langer Ketten. Diese Ketten werden mithilfe körpereigener Enzyme aufgeteilt, bis die Bruchstücke so klein sind, dass sie vom Blut aufgenommen werden können. Je kleiner die »Zuckerbruchstücke« sind, desto einfacher und schneller werden sie vom Körper aufgenommen. Hat man eine schlechte Blutzuckerregulierung und isst viel Süßes, wird viel Insulin benötigt, jenes Hormon, das den Blutzuckerspiegel steuert. Der Blutzuckerspiegel kann nach einer Weile stark abfallen, was zur Folge hat, dass man sich schlapp fühlt. Wir bezeichnen das als Blutzucker-Blues. Je schlechter unser Körper den Blutzuckerspiegel steuern und ausgleichen kann, desto größer sind auch unsere Stimmungsschwankungen. Manchmal sind wir hektisch und aufgedreht, manchmal eher traurig und deprimiert. Resistente Stärke ist so langkettig, dass sie von den Enzymen im Dünndarm überhaupt nicht aufgespalten werden kann. Stattdessen wird sie zu Nahrung für die im Dickdarm lebenden Bakterien.

Psychobiotische Ernährung für Anfänger

Nahrungsmittel, die gesundheitsfördernde Bakterien für Körper und Seele enthalten und diesen auch gleichzeitig einen Nährboden bereiten, werden mitunter etwas umständlich »psychobiotisch« genannt.

Sie können sich selbst nützliche Bakterien zuführen, indem Sie Kefir, Sauerkraut, Kimchi oder andere lebende Milchsäurekulturen verzehren.

In vielen Fällen haben Sie bereits diese Bakterien in Ihrem Darm, aber vielleicht nicht so viele. Dann hilft es, Ballaststoffe dort hinunterzuschicken, die Ihre nützlichen Bakterien beim Vermehren unterstützen.

Wenn Sie möglichst oft beim Essen etwas aus den fünf Hauptgruppen Hülsenfrüchte, Vollkorn, Zwiebelgewächse, grüne Blattgemüse und Kreuzblütengewächse wie Brokkoli und Grünkohl integrieren, dann befriedigen Sie viele mikrobielle Geschmacksrichtungen.

Ergänzend kommen Obst und Beeren, Nüsse, Samen, Kräuter und Pilze hinzu.

Verwenden Sie auch farbenfrohe und besonders aromatische Gemüsesorten, weil die darin enthaltenen Stoffe genau das sind, was die Darmbakterien zur Produktion gesundheitswirksamer Hormone, Botenstoffe, Vitamine, Metaboliten und anderer Stoffe benötigen.

Bringen Sie so viele verschiedene Farben wie möglich auf den Teller.

Suppe mit gebratenem Hähnchen und mit Rohkost

Eine Suppe bietet nicht nur etwas genussvoll Warmes für den Bauch, sondern sie eignet sich dank ihrer längeren Haltbarkeit auch ausgezeichnet fürs Vorkochen. Gerade beim Verzehr von Fleisch sollten wir darauf achten, nichts davon zu verschwenden, allein schon aus Respekt vor dem hierfür gestorbenen Tier. Hinzu kommt, dass der beste Geschmack selten im Filet sitzt.

4 Portionen

1 ganzes Hähnchen
2 EL Salz
2 Zitronen und/oder Orangen in Hälften
300 ml Wasser
2 Zwiebeln
2 Stangen Staudensellerie
3 Knoblauchzehen
3 Pastinaken
1 Fenchelknolle
2 EL Butter
200 ml Weißwein
500 ml Sahne
300 ml Wasser
3–4 Rote, Gelbe oder Ringel-Beten
3–4 EL Sherryessig
2 EL Olivenöl
Salz

1. Den Backofen auf 230 °C vorheizen.
2. Hähnchen rundum gut mit Salz einreiben.
3. Hähnchen und Zitronen in eine ofenfeste Form setzen und 20 Minuten im Ofen garen.
4. Die Temperatur auf 175 °C reduzieren.
5. Hähnchen mit dem Wasser übergießen und 30 Minuten weitergaren. Alle 5 Minuten mit dem Bratenansatz übergießen.
6. Braten aus dem Ofen nehmen und vor dem Anschneiden 10 Minuten ruhen lassen.
7. Das Hähnchen tranchieren, die Brust auslösen (siehe Rezept S. 124) und Flügel zur Seite legen.
8. Die Schenkel auslösen (siehe Rezept S. 146) und die Hähnchenkarkasse aufbewahren.
9. Die Karkasse in 6–8 Stücke zerteilen.
10. Zwiebeln, Sellerie, Knoblauch, Pastinaken und Fenchel schälen und grob in Stücke schneiden.
11. In einem großen Topf (6 Liter) das Gemüse in Butter goldbraun anbraten.
12. Die Karkassenstücke und die Flügel dazulegen und 3–4 Minuten weiterbraten.
13. Den Wein zugießen und auf die Hälfte einkochen lassen.
14. Sahne und Wasser zugießen, einmal aufkochen und 60 Minuten bei niedriger Hitze köcheln lassen.
15. Topf von der Platte nehmen und noch 30 Minuten ziehen lassen.
16. Topfinhalt durch ein Sieb abgießen, Flüssigkeit dabei auffangen und diese mit 1–2 Esslöffel Sherryessig sowie Salz abschmecken.
17. Die Bete in dünne Scheiben schneiden, am besten mit einer Mandoline. Mit Olivenöl, Sherryessig und Salz mischen und als Beilage servieren.

Gebackene Süßkartoffel mit Minze, Koriander, Chili und Cashewkernen

Gesünder geht's nimmer! Schon bei meinem ersten Besuch auf Okinawa lernte ich, dass die ältesten und gesündesten Menschen dieser Welt fast täglich Süßkartoffeln essen. Die Knolle enthält zwar viel Zucker, liefert aber eben auch beachtliche Mengen an Vitamin A sowie Riboflavin und Beta-Carotin. Wir geben noch gesunde Bohnen, Olivenöl, Nüsse und Koriander dazu.

4 Portionen

4 Süßkartoffeln
½ Spitzkohl
3 dl Mungbohnen
1 rote Chilischote
1 Bund Koriander
1 Bund Minze
100 ml Cashewkerne
4 EL Olivenöl

1. Süßkartoffeln gut abbürsten und in kaltem Wasser waschen.
2. Auf ein Backblech legen und im Ofen bei 200 °C ca. 40 Minuten backen; mit einem Stäbchen testen, ob sie gar sind.
3. Spitzkohlblätter ablösen und 1 Minute in Salzwasser blanchieren, dann mit möglichst kaltem Wasser abschrecken.
4. Mungbohnen 10 Sekunden in kochendem Salzwasser abbrühen, dann mit möglichst kaltem Wasser abschrecken.
5. Chilischote in dünne Scheiben schneiden.
6. Koriander- und Minzeblätter abzupfen.
7. Cashewkerne grob hacken.
8. Kartoffeln aus dem Ofen holen.
9. Spitzkohl und Bohnen in einem Topf unter Zugabe von ein paar Esslöffeln Wasser wieder erwärmen.
10. Süßkartoffeln mitsamt Schale zu Spitzkohl und Mungbohnen servieren. Mit Nüssen, Chili, Minze, Koriander garnieren und mit dem Öl beträufeln.

Gegrillter Zander mit Knoblauchcreme und Kartoffelsalat

Es bekommt uns gut, wenn wir mehrmals in der Woche Fisch essen – machen wir uns also etwas Leckeres! Und was gibt es Besseres als frisch gefangenen Zander? Bei nach dem Kochen abgekühlten Kartoffeln erhöht sich der Anteil an resistenter Stärke. Dadurch steigt der Blutzucker nicht so stark an wie bei unmittelbar nach dem Kochen verzehrten Kartoffeln.

4 Portionen

1 ganzer Zander oder Barsch, 1–1½ kg, entschuppt und ausgenommen
1 Bund grüne Bohnen
½ kg erkaltete gekochte Kartoffeln, gepellt
2 EL Kapern
1 EL Dill, gehackt
Salz
Zitronenspalten zum Servieren

Knoblauchcreme
3 EL Wasser
2 EL Dijonsenf
2 Eigelb
1 EL Zitronensaft
2 Knoblauchzehen
200 ml Olivenöl

1. Die Bohnen für 20 Sekunden in gesalzenem Wasser blanchieren und danach sofort in kaltem Wasser abschrecken. In einem Sieb abtropfen lassen.
2. Kartoffeln in 3 mal 3 Zentimeter große Würfel schneiden.
3. Wasser, Senf, Eigelb und Zitronensaft verrühren. Knoblauch reiben und zugeben.
4. Weiterrühren und Olivenöl in gleichmäßigem Strahl zugießen, bis die Mischung eine cremige Konsistenz bekommt. Sollte sie zu dick geworden sein, gibt man einen Löffel Wasser zu.
5. Bohnen, Kartoffeln, Kapern, Dill und ein paar Löffel Knoblauchcreme vermengen. Nach Wunsch mit mehr Knoblauchcreme abschmecken.
6. Den Fisch mit reichlich Salz einreiben.
7. Den Fisch grillen oder im Backofen bei 175 °C je nach Größe in 20–40 Minuten garen. Seine Kerntemperatur sollte 55–60 °C betragen.
8. Mit Zitronenspalten, Kartoffelsalat und der restlichen Knoblauchcreme servieren.

DAS SCHMECKT GROSS UND KLEIN

KAPITEL 10

Niklas: Wie ich meine Kinder dazu brachte, (fast) alles zu essen

Schön zusammen essen – das hört sich nett an, aber alle Eltern wissen, dass das nicht von selbst kommt. Es gibt viele Fallstricke dabei, und immer wieder muss man Prioritäten setzen. Wenn die Zeit knapp wurde, habe ich manchmal selbst zu einfachen Lösungen gegriffen, aber das ist absolut kurzsichtig. Langfristig, also über die gesamte Zeit des Heranwachsens Ihrer Kinder gerechnet, profitieren Sie als Eltern, wenn Ihr Nachwuchs von klein auf ein positives Verhältnis zu den Mahlzeiten und zur Essenszubereitung entwickelt.

Niklas hat dieselben Schwierigkeiten erlebt wie alle anderen Eltern. Manchmal spielt es eben keine Rolle, dass man ein gefeierter Sternekoch ist. Zu Hause am Mittagstisch hatten trotzdem Niklas' Kinder das Sagen und machten den absoluten Aufstand, wenn es keine Junkfood-Hackfleischbällchen gab. Angesichts des Hauptgerichts rümpften sie die Nase und aßen nur ein Stück Brot.

Aber wer bestimmt, dass Kinder lediglich Pfannkuchen, Hackfleischbällchen und Spaghetti mit Hackfleischsauce mögen sollen?

Hier sind einige von Niklas' sauer erworbenen Lehren:

- **Führen Sie früh neue Geschmacksrichtungen ein, möglichst ab einem Alter von fünf Monaten.**

Kinder haben eine angeborene Vorliebe für Süßes und mögen auch Salz, Fett und den Geschmack von Umami. Bis zu einem Alter von zwei Jahren akzeptieren Kinder auch bittere Geschmacksnoten.

Dann setzt die sogenannte Neophobie ein. Dabei vermeidet das Kind bittere Aromen, wahrscheinlich, weil diese

Geschmacksrichtungen seit Urzeiten mit Gift und Gefahr in Verbindung gebracht werden.

»Wenn Sie Kinder so frühzeitig wie möglich Bitteres probieren lassen, dann haben sie sich bereits daran gewöhnt, akzeptieren es und finden es auch später gut«, meint Niklas.

Ansonsten kann es bis zu 15 Probieraktionen dauern, bis das Kind sich an den neuen Geschmack gewöhnt hat. Das klingt erst mal gar nicht so schlimm, fühlt sich allerdings in der Praxis garantiert deutlich länger an …

• Kleine Kinder lieben es, Sachen getrennt zu essen.
Eine Farbe und eine Struktur pro Schüssel. Keinesfalls grüne Tupfen aus gehackten Kräutern – das macht Kinder nur misstrauisch. Asiatische Gerichte sind besonders dankbar, findet Niklas. Dabei kann man gut neue Geschmacksrichtungen einführen. Ein Beispiel: gebratene Nudeln mit Mais und Hähnchen.

• Vergessen Sie sogenannte Kindergerichte.
Französische Kinder sind bekannt dafür, alles zu essen. Warum? Kindergerichte sind ein fast unbekannter Begriff in Frankreich. Stattdessen bekommen Kinder selbstverständlich dasselbe Essen wie Erwachsene, und in Schulen werden die üblichen Vier-Gänge-Menüs serviert. Wer es nicht mag, der muss hungrig bleiben, aber weil alle es so gewohnt sind, wird kaum etwas weggeworfen.

• Erfinden Sie Geschichten ums Essen.
Als Niklas und Katarina ihren Kindern zum ersten Mal Quinoa servierten, erzählten sie ihnen, dass es von den Inkas kommt. Das hörte sich spannend an und ergab einen Zusammenhang. Kommt das Rezept aus der Verwandtschaft? Dann nennen Sie es Omas Safrankuchen oder Opas Currypfanne.

• Nutzen Sie den Zuckereffekt.
Aus gutem Grund wird Zucker als Nahrungsmittel heute kritisch betrachtet. Dennoch konsumieren die meisten Menschen nach wie vor viel zu viel davon. Einseitige Süße stört die Geschmacksentwicklung bei Kindern und hat keinen medizinischen Nutzen. Wenn aber Zucker als Gewürz in kleinen Dosen und kreativ genutzt wird, unterstreicht es andere Geschmacksrichtungen und kann auch die Textur der Speise ändern, damit diese noch besser schmeckt.

Wenn etwas Zucker dabei helfen kann, dass das Kind ballaststoffreiches Gemüse isst, was es ansonsten nicht so gerne mag, ist der Nutzen stärker als die Gefahr. Wichtig ist, dass Sie als Eltern die Bestimmer bleiben.

Niklas wokt Gemüsesorten wie grüne Bohnen, die die Kinder ungern essen, zusammen mit Palmzucker oder Ahornsirup. Wenn eine Zutat leicht süß schmeckt, wird das Salzige bei einer anderen umso mehr betont. Sogar Ketchup in überschaubarer Menge kann eine Methode sein, damit das Kind etwas Gesundes annimmt. Vielleicht machen Sie Ihr Ketchup einmal selbst?

• Mit den Kindern essen.
Glauben Sie nur nicht, dass Ihre Kinder immer machen werden, was Sie sagen. Aber vertrauen Sie gerade beim Essen dennoch Ihrer Vorbildfunktion.

Eltern machen leicht den Fehler, »der Einfachheit halber« ebenfalls fade Makkaroni mit Fleischwurststücken herunterzuwürgen. Oder sie lassen die Kinder allein essen. Eine Möglichkeit, solche allzu kurzsichtigen Auswege zu vermeiden, kann ein Essen sein, bei dem die verschiedenen Speisen so variiert werden, dass die Mahlzeit auch für Erwachsene geeignet ist. Bereiten Sie beispielsweise einen zusätzlichen Dip nach Ihrem Geschmack zu. Pizza, Tacos oder Ofenkartoffeln sind unbeschriebene Blätter, die mit verschiedensten Inhalten gefüllt werden können, während die Kinder erleben, dass Sie alle zusammen das auf den ersten Blick gleiche Gericht essen – im Detail aber individuelle Lösungen gefunden haben, damit jeder geschmacklich auf seine Kosten kommt.

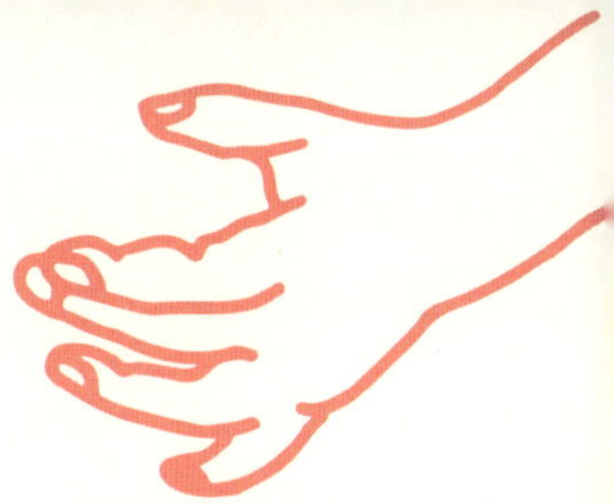

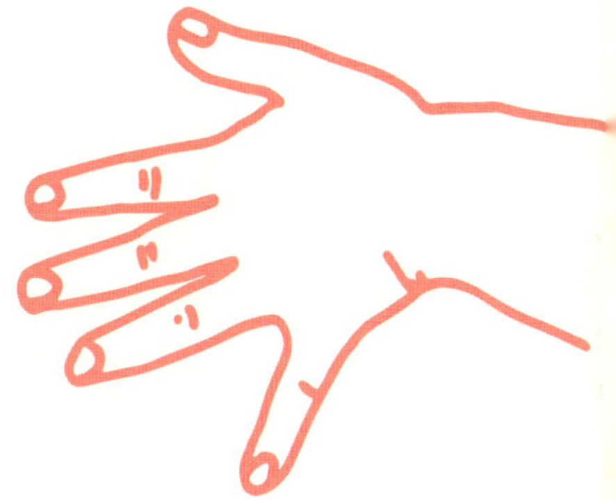

Pasta mit Salbei, Butter und Pinienkernen

Nudeln schmecken ja eigentlich wunderbar, aber werde ich nicht dick davon? Nun, auch hier sind das Maß und die Qualität ausschlaggebend. Der Glykämische Index (GI) ist bei Nudeln aus Durumweizen niedriger und besser, wenn Sie die Pasta al dente servieren. Wie immer sollte man die Mahlzeit als Ganzes betrachten. Hier stellen wir der Pasta schwarzen Pfeffer und Pinienkerne entgegen, die den Blutzucker stabilisieren und dem Hungergefühl entgegenwirken.

4 Portionen

400 g Pappardelle
2 Knoblauchzehen, abgezogen
3 EL Butter
8–10 Salbeiblätter
50 g Parmesan
3 EL Pinienkerne, geröstet
schwarzer Pfeffer, frisch gemahlen, zum Servieren

1. Die Pasta nach Packungsanleitung al dente kochen. Das Wasser abgießen und Nudeln gut abdampfen lassen.
2. Knoblauch in dünne Scheiben schneiden.
3. Butter leicht anbräunen und Salbei sowie Knoblauch hinzufügen.
4. Pasta zufügen und gut durchrühren.
5. Gehobelten Parmesan und geröstete Pinienkerne darüberstreuen, mit schwarzem Pfeffer würzen und sofort servieren.

Hähnchenschenkel mit Dinkel, Tomaten und Kräutern

Ein Gericht nach Art des südamerikanischen Chimichurri, einer würzigen Sauce, die man auch ausgezeichnet als Marinade verwenden kann. Es gibt verschiedene Geschichten darüber, wo und wie diese Sauce entstanden ist, aber ihre Ursprünge liegen in Argentinien und Uruguay. Von Mexiko aus hat die pikante Köstlichkeit schnell die Küchen in aller Welt erobert.

4 Portionen

1 ganzes Hähnchen
3 EL Salz
2 Zitronen, geviertelt
1 rote Zwiebel
3 Knoblauchzehen
1 rote Chilischote
2 EL Olivenöl
4–6 Tomaten
200 ml ganze Dinkelkörner, gekocht
1 Beutel frischer Blattspinat
1 Bund Petersilie
1 Bund Oregano
1 Thymianzweig
1–2 EL Sherryessig

1. Den Backofen auf 230 °C vorheizen.
2. Hähnchen rundum gut mit Salz einreiben.
3. Hähnchen und Zitronen in eine ofenfeste Form setzen und 20 Minuten im Ofen garen.
4. Die Temperatur auf 175 °C reduzieren.
5. Hähnchen mit etwas Wasser übergießen und 30 Minuten weitergaren. Alle 5 Minuten mit dem Bratenansatz übergießen.
6. Braten aus dem Ofen nehmen und vor dem Anschneiden 10 Minuten ruhen lassen.
7. Hähnchen tranchieren, die Brust auslösen (siehe Rezept S. 124) und die Flügel (siehe Rezept S. 135) beiseitestellen.
8. Die Schenkel auslösen und die Hähnchenkarkasse (siehe Rezept S. 135) aufbewahren.
9. Zwiebel und Knoblauch schälen und in dünne Scheiben schneiden. Chili in Scheiben schneiden.
10. Gemüse für 1–2 Minuten in Olivenöl anbraten.
11. Tomaten in etwa 3 mal 3 Zentimeter große Würfel schneiden und zusammen mit dem Gemüse ein paar Minuten braten.
12. Gekochte Dinkelkörner hinzugeben und unter Rühren erwärmen. Spinat und Kräuter ebenfalls hinzufügen.
13. Mit Sherryessig und Salz abschmecken.
14. Zusammen mit den gebratenen Hähnchenschenkeln servieren.

Bohnenbratlinge mit Kreuzkümmel und Knoblauch

Es gibt viele leckere vegetarische Bratlinge. Diese würzigen Bohnenbratlinge sind eine gute Alternative zu Hamburgern oder Fleischfrikadellen, außerdem enthalten sie reichlich Ballaststoffe und Protein. Mit Salatblättern und Aioli serviert, werden sie zu einer kompletten Mahlzeit.

4 Portionen

400 g gekochte Kidneybohnen
400 g gekochte schwarze Bohnen
1 TL Salz
½ gestr. TL schwarzer Pfeffer, frisch gemahlen
1 Msp. gemahlener Kreuzkümmel
2 Knoblauchzehen, abgezogen
1 Zwiebel, geschält und grob gehackt
1 EL Olivenöl
2–3 EL Kartoffelmehl
Speiseöl

1. Die Bohnen gründlich spülen.
2. Gewürze, Knoblauch, Zwiebel und Olivenöl mit dem Stabmixer zu einer glatten Masse pürieren.
3. Bohnen hinzufügen und kurz durchmixen, die Bohnen sollten nur grob püriert sein.
4. Kartoffelmehl zugeben, damit die Masse formbar wird. Eventuell noch mehr Bohnen hinzufügen.
5. Aus der Masse Bratlinge formen und diese in Speiseöl goldbraun braten, dabei einmal wenden.

Tipp: Eine gute Alternative zu Hamburgern oder Fleischfrikadellen – und mit Salatblättern und Aioli eine Köstlichkeit.

Overnight-Müsli mit Preiselbeeren und Milch

Stellen Sie sich Ihr Frühstücksmüsli schon am Abend zuvor zusammen. Über Nacht kommt es in den Kühlschrank, am nächsten Morgen steht es für einen guten Start in den Tag bereit.

4 Portionen

2 EL Leinsamen
3 EL Sonnenblumenkerne
2 EL Walnüsse, grob gehackt
200 ml Haferflocken
600 ml Milch (alternativ Hafermilch oder Mandelmilch)
2 EL Honig
1 TL Salz
3 EL Preiselbeeren (tiefgekühlt oder frisch)

1. Leinsamen und Sonnenblumenkerne etwa 10 Minuten im Backofen bei 175 °C rösten, dabei jede 2. Minute durchrühren.
2. Herausnehmen und in einer Schüssel abkühlen lassen.
3. Mit Walnüssen und Haferflocken mischen.
4. 400 Milliliter Milch darübergießen und Schüssel über Nacht kalt stellen.
5. Am nächsten Morgen Schüsselinhalt durchrühren und eventuell etwas mehr Milch zugießen, damit er eine breiigere Konsistenz bekommt.
6. Mit Honig und Salz abschmecken.
7. Mit Preiselbeeren garnieren und noch etwas Milch darübergießen. Eventuell mehr Honig zugeben. Wir haben das Ganze noch mit Sauerampferblättern garniert, es können aber auch Preiselbeerblüten sein.

GEFÜHLSSTÜRME

KAPITEL II

Gewalt und Vitamine

Das Essen auf dem Teller beeinflusst Ihre Impulssteuerung. Lange haben Forscher darüber gestritten, inwieweit Zucker Hyperaktivität verursachen kann. Dabei kamen sie zu ganz unterschiedlichen Ergebnissen. Erst wenn wir auf die gesamte Ernährung schauen, wird der Zusammenhang deutlicher. Und: Nur wenige haben so schlechte Essgewohnheiten wie gewalttätige Strafgefangene.

Der gewaltige Geir schlägt ein Ei zwischen den Fingerspitzen auf und rührt in der Pfanne mit einem Pfannenwender, der in seiner riesigen Hand fast verschwindet.

An diesem Tag im Jahr 2009 befinde ich mich in der Justizvollzugsanstalt in Bergen, einem Hochsicherheitsgefängnis, in dem 157 der berüchtigtsten Schwerverbrecher Norwegens einsitzen. Alle sind wegen Diebstahl oder Gewaltverbrechen zu langjährigen Haftstrafen verurteilt worden.

»Wenn die Leute hierher kommen, sind sie meist schlank, aber bereits nach ein paar Jahren haben sie bis zu 50 Kilo zugenommen. Immer gibt es Kuchen und Waffeln, und im Nachtisch ist viel zu viel Zucker«, sagt Geir, während wir in der kleinen Küche seiner Zelle stehen.

Bis vor zwei Jahren war er Vegetarier und achtete sorgfältig darauf, was er aß. Die Süßigkeiten und Kuchen, die die anderen Insassen im Pendelverkehr vom Kiosk der Anstalt heraufschleppten, trugen nicht nur zur Fettsucht bei. Bahnbrechende Forschungen, unter anderem an der Strafanstalt Bergen, haben gezeigt, dass Junkfood die Impulskontrolle der Gewaltverbrecher reduziert und das Risiko für Krawall und Gewalt ansteigen lässt.

Eine Untersuchung innerhalb des norwegischen Kriminalwesens hatte bereits früher gezeigt, dass 85 Prozent aller Internierten eine entsprechende Diagnose oder eine psychische Störung hatten. Aber die kontrovers diskutierte Frage war, ob schlechte Ernährungsgewohnheiten zu Kriminalität beitragen könnten.

»Als wir testeten, wie viele Nährstoffe die Gefangenen aufnahmen, stellten wir fest, dass sie auffallend niedrige Omega-3-Fettsäure-Werte von Fisch im Blut hatten«, erklärte mir die frühere Gefängnisköchin Lena Backe, die mich durch die Anstalt führte. Sie studierte inzwischen

Ernährungswissenschaften an der Universität Bergen.

Die weiteren Analysen zeigten, dass nicht nur gesunde Fischfette fehlten. Die Blutproben enthüllten zudem, dass viele Gefangene auch einen zu niedrigen Gehalt an Vitamin D, C, an Folsäure, Vitamin B6 und an Thiamin sowie zu wenig Mineralien wie Selen, Zink und Eisen im Blut hatten.

In einem Experiment sollten 25 der insgesamt 157 Gefangenen eine Diät einhalten, bei der dreimal in der Woche fetter Fisch mit Omega-3-Säuren auf dem Speiseplan stand. Eine Kontrollgruppe mit 25 weiteren Inhaftierten bekam das normale Essen und nur einmal wöchentlich Fisch.

Die Ergebnisse bestätigten den Verdacht: Es scheint einen Zusammenhang zwischen der Ernährung und dem kognitiven Vermögen der Gefangenen zu geben, ihre Gefühle zu kontrollieren.

Das war nicht verwunderlich und hatte sich bereits in einer Vorstudie mit 57 der Gefangenen angedeutet. Diese zeigte, dass eine fischreiche Kost sowie physisches Training sich positiv auf die Impulskontrolle der Gefangenen auswirkte, während Zucker einen negativen Einfluss hatte.

Gehören Sie selbst zu denjenigen, die manchmal sauer werden und dies auf die Unterzuckerung schieben, weil Sie nicht gefrühstückt haben? Jetzt stellen Sie sich die Stimmungsschwankungen derjenigen vor, die über Wochen nur von Zigaretten, zuckersüßem Kaffee, warmen Würstchen und literweise Bier gelebt haben. So sieht nämlich die Ernährung vieler Krimineller aus, wie Untersuchungen gezeigt haben.

»Wir wissen, dass 85 Prozent aller Gewalttaten Impulshandlungen sind, die weniger als 15 Minuten zuvor geplant wurden, und wir wissen, dass schlechte Ernährung die Impulskontrolle verschlechtert«, erklärt ein Regionalchef der norwegischen Kriminalpolizei.

»Wenn wir die Zahl der Gewalttaten auch nur um einige Prozent senken können, indem wir besseres Essen servieren, dann haben wir mit wenig Kosten viel gewonnen. Unter Gewaltverbrechern finden Sie viele mit extrem schlechten Essgewohnheiten. Das Potenzial, die Aufnahme von Nährstoffen zu erhöhen, ist also bei dieser Gruppe besonders groß«, ergänzt er.

Während das Interesse, die Bedeutung der Ernährung zu studieren, unter Kriminologen doch sehr begrenzt war, schien das Militär diesbezüglich deutlich aufgeschlossener zu sein, nicht zuletzt in Norwegen.

So hat die norwegische Marine untersucht, wie die Ernährung einem Schützen helfen kann, in extrem bedrohlichen Situationen angemessen zu reagieren, z. B., wenn er selbst beschossen wird. Es zeigte sich, dass die Antwort mit der Leistungsfähigkeit des Herzens zusammenhängt, schnell den Pulsrhythmus zu ändern. Klopft Ihr Herz, wenn Sie nervös werden oder etwas Dummes gemacht haben? Das ist ein gutes Zeichen dafür, dass Sie mit Stress umgehen und auch Reue zeigen können.

Aber der Puls muss auch schnell wieder nach unten gehen können. Bei vielen Gewalttätigen steigt der Puls nie, wenn sie etwas falsch gemacht haben. Vielleicht ist es das, was man »kaltblütig« nennt?

Experten bezeichnen die Fähigkeit des Herzens, schnell seinen Takt zu ändern, als Herzfrequenzvariabilität (englisch: *heart rate variability*, HRV). Es gibt Forschungsergebnisse, die darauf hindeuten, dass die HRV ein zuverlässigerer Faktor als der soziale Hintergrund und frühere Gewalttaten sei, um eine erneute Gewalttat einer Person vorauszusagen. Extrem aggressive Personen haben oft eine niedrige HRV.

Ein flexibles Herz, das schnell den Rhythmus ändert, kann das Gehirn und den Körper effektiv mit zusätzlicher Kraft versehen, die man benötigt, um mit unerwarteten Situationen und Gefühlen umzugehen. Das kognitive Vermögen wird gestärkt, sodass man auch in bedrohlichen Lagen leichter Probleme analysieren sowie planen und durchdachte Beschlüsse fassen kann.

Es hat sich gezeigt, dass sowohl physisches Training als auch eine abwechslungsreiche Kost mit ausreichend Omega-3-Fettsäuren von fetten Fischen einen positiven Einfluss auf die Herzfrequenzvariabilität haben.

Bereits Anfang 2000 leitete Bernard Gesch von der Universität Oxford eine Studie in der Jugendstrafanstalt in Aylesbury, deren junge Insassen wegen ihrer schweren Verhaltensauffälligkeiten berüchtigt waren.

Bei drei von vier Gefangenen maß man niedrige oder sehr niedrige Werte bei Zink, Selen, Jod, Magnesium und Kalium, fand dagegen einen großen Überschuss an Salz.

Bernard Gesch bezog in der Anstalt eine der Isolationshaftzellen, die zu einem Büro und Behandlungszimmer umgebaut wurde. Neun Monate lang betreute er dann 321 jugendliche Straftäter, von denen die Hälfte Ergänzungsmittel mit 28 Vitaminen, Mineralien und Fettsäuren erhielt, deren Dosis der empfohlenen Tagesration entspricht.

»Wir konnten schnell einen deutlichen Rückgang bei der Zahl der gewalttätigen Vorfälle feststellen. Der Rückgang lag zwischen 25 und 37 Prozent, je nachdem, was wir gemessen haben«, berichtete Bernard Gesch, als ich ihn interviewte.

Als der Versuch abgeschlossen war, stieg die Gewalt schnell wieder auf das frühere Niveau an, und das Behandlungszimmer der Forscher wurde erneut als Isolationshaftzelle genutzt.

Bernard Gesch betonte aber, dass er nicht glaube, die Omega-3-Fettsäuren im Fisch oder andere Ergänzungsmittel könnten die einzige Erklärung für diesen Effekt sein. Stattdessen sah er die Kost als Ganzes und wies darauf hin, dass Körper und Gehirn eine große Zahl an Vitaminen und Mineralien benötigen, um zu funktionieren.

Es ist kein Zufall, so Gesch, dass viele Gewalttaten von jungen Männern im späten Teenageralter begangen werden, weil keine andere Gruppe einen so großen Bedarf an vielfältiger, reichhaltiger Kost hat. Das Gehirn ist ein Kraftwerk, das zwar nur zwei Prozent unseres Körpergewichts ausmacht, aber 20 Prozent der Körperenergie beansprucht.

Im späten Teenageralter ist der Bedarf des Gehirns am größten, da sich wichtige Hirnfunktionen in der letzten Entwicklungsphase befinden. Bei Jungen kollidiert dies aber mit einem kräftigen Wachstum der Muskelmasse.

Leider läuft nicht selten eine weitere Kettenreaktion ab, weil Jungen dieser

Altersgruppe häufig schlechte Essgewohnheiten haben.

Die Folgen sind eine mangelhafte Impulskontrolle, psychische Probleme sowie eine Neigung zu Gewalt und Aggression in Stresssituationen.

»Während der vergangenen 50 Jahre gab es große Veränderungen in unserer Ernährungsweise. In der Forschung begann man, die Sterblichkeit bei Herzerkrankungen zu analysieren. Erst in den letzten Jahren hat man eingesehen, dass das, was dem Herz schadet, natürlich auch das Gehirn beeinflussen kann, das ja ein wesentlich empfindlicheres Organ ist. Heute fangen wir an zu verstehen, dass wir bei veränderter Ernährung unser Gehirn radikal beeinflussen«, stellt Bernard Gesch fest.

Seitdem kamen Forscher in den USA und in den Niederlanden zu ähnlichen Ergebnissen wie in Aylesbury. Aber bislang stehen noch Untersuchungen aus, die einen Schritt weiter gehen und erforschen, ob und, wenn ja: wie Impulskontrolle – neben anderen denkbaren Faktoren wie sozialen Strukturen, Gefährdung und Drogen – mit unseren Mikroben in Zusammenhang steht. Man stelle sich vor, dass einige Bakterien uns gewaltbereiter machen könnten als andere!

Ich habe gestandene Forscher interviewt, die meinten, dass dies eine strafrechtliche Revolution auslösen würde. Wenn bestimmtes Junkfood nachgewiesenermaßen Bakterien in die Lage versetzen würde, zu gewalttätigem Verhalten beizutragen, könnten Verteidiger argumentieren, dass die Lebensmittelindustrie mitverantwortlich für die Straftaten ihrer Klienten sei.

Ernährungstagebuch eines britischen Autodiebs

Frühstück: nichts
Mittagessen: 4–5 Tassen Kaffee mit jeweils 2½ gehäuften Teelöffeln Zucker
Nachmittags: 3–4 Tassen Kaffee mit jeweils 2½ gehäuften Teelöffeln Zucker
Abendessen: Pommes frites, Eier, 2 Scheiben Toast, Ketchup, 5 Tassen Tee oder Kaffee mit jeweils 2½ gehäuften Teelöffeln Zucker
Abends: 5 Tassen Kaffee oder Tee mit jeweils 2½ gehäuften Teelöffeln Zucker. 3–4 Bier
Außerdem: 20 Zigaretten. Süßigkeiten und Gebäck für etwa 2 Euro.

Quelle: Gesch et al. In: British Journal of Psychiatry 2002.

Blutorange und Rosenkohlsalat

Blutorangen und andere Zitrusfrüchte gibt es schon so lange, dass wir sie für selbstverständlich halten. Hier balancieren sie den Geschmack des Rosenkohls aus. Außerdem steigt beim Verzehr von allen Zitrusfrüchten die Aufnahme der Mineralien aus Samen und Nüssen, die wir so gerne knabbern.

4 Portionen

500 g Rosenkohl
1 Bio-Blutorange (alternativ Orange/Grapefruit/Pomelo)
2 EL Olivenöl
2 EL gehackte Schalotten
100 ml Walnüsse, geröstet

1. Rosenkohl putzen und evtl. welke Blätter entfernen. Die Röschen halbieren.
2. Schale der Blutorange abreiben.
3. Frucht mit einem scharfen Messer schälen, Fruchtfilets herausschneiden und den Saft aus dem Rest der Orange am besten mit der Hand auspressen.
4. Eine Pfanne erhitzen und den Rosenkohl in Olivenöl anbraten.
5. Wenn der Rosenkohl Farbe angenommen hat, Schalotten, Orangenschalenabrieb und Saft hinzufügen. Den Saft einkochen lassen.
6. Zusammen mit den Blutorangenfilets servieren und mit grob gehackten Walnüssen garnieren.

Rindfleischragout mit Rote-Bete- und Sauerkrautsalat

Seit Jahrhunderten ist »Kalops« ein Klassiker der schwedischen und finnischen Küche. Wir bevorzugen eine etwas würzigere Variation des Rindfleischragouts mit aromatischen Möhren und einem kräftigen Schuss Bier. Sparen Sie nicht an der Kochzeit, damit das Fleisch schön mürbe und weich wird.

4 Portionen

1 kg hohe Rippe vom Rind
1 EL Butter
2 Möhren
2 Zwiebeln
2 EL Weizenmehl
500 ml Kalbsbrühe
500 ml Bier (Lager oder Ale)
3 Lorbeerblätter
12 Pimentkörner
2–4 Rote Beten
1 Apfel
200 g Sauerkraut
1 TL Kümmel
Salz
1 Bund Petersilie zum Garnieren

1. Das Rindfleisch in 5 mal 5 Zentimeter große Stücke schneiden.
2. Fleisch in Butter in einem großen Schmortopf anbraten.
3. Möhren und Zwiebeln schälen. In grobe Stücke schneiden und mit dem Fleisch 2–3 Minuten anbräunen.
4. Mehl hinzufügen und kurz weiterbräunen.
5. Brühe und Bier nach und nach zugießen und dabei umrühren. Aufkochen lassen.
6. Lorbeerblätter und Piment hinzufügen.
7. 1½ Stunden bei niedriger Hitze schmoren lassen, bis das Fleisch mürbe ist.
8. Rote Bete und Apfel in feine Streifen schneiden. Mit Sauerkraut und Kümmel mischen.
9. Das Ragout mit Salz abschmecken und mit Petersilie garnieren.
10. Zusammen mit dem Rote-Bete-Sauerkraut-Salat servieren.

Sauerkraut und Ente

In früheren Zeiten aßen die Menschen bedeutend mehr gesäuerte Lebensmittel mit lebenden Bakterienkulturen, als wir das heute tun. Sauerkraut ist so ein Beispiel. Versuchen Sie, jeden Tag Milchsäurebakterien aufzunehmen. Es schmeckt und tut uns gut.

4 Portionen

1 Zwiebel, gehackt
2 EL Entenfett oder Butter
500 g Sauerkraut
1 TL Kümmel
2 Lorbeerblätter
1 Apfel, geschält und gerieben
2 EL Apfelcideressig
200 ml Hühnerbrühe
200 ml trockener Weißwein
1 Bund Thymian
2 Entenbrüste
Salz
Dijonsenf zum Servieren

1. Zwiebel in Entenfett (oder Butter) bei hoher Temperatur in einem großen Topf anbraten.
2. Wenn die Zwiebelstücke Farbe annehmen, das Sauerkraut zugeben und noch eine weitere Minute braten.
3. Kümmel, Lorbeerblätter, den geriebenen Apfel, Essig, Brühe, Wein und Thymian hinzufügen.
4. Hitze reduzieren und bei niedriger Hitze 45 Minuten köcheln lassen. Mit Salz abschmecken.
5. Eventuell vorhandene Sehnen an den Entenbrüsten entfernen.
6. Die Haut und die darunterliegende Fettschicht mit einem dichten Rautenmuster einschneiden und salzen.
7. Den Backofen auf 175 °C vorheizen.
8. Entenbrüste in eine kalte Bratpfanne mit der Fettseite nach unten legen.
9. Die Pfanne auf dem Herd stark erhitzen.
10. Die Haut goldbraun ausbraten, die Brüste wenden und eine weitere Minute braten.
11. Entenbrüste aus der Pfanne nehmen und in eine ofenfeste Form legen.
12. Die Form mit den Entenbrüsten für 10 Minuten in den Ofen stellen (bis eine Kerntemperatur von 56 °C erreicht ist).
13. Aus dem Ofen nehmen und 6–8 Minuten ruhen lassen.
14. Entenbrust in Scheiben aufschneiden und mit dem Sauerkraut und Senf servieren. Auch Bratkartoffeln passen gut dazu.

Hirschtopf mit »nordischem Taboulé« und Preiselbeeren

Typisch für die neue nordische Kochkunst, die mit beiden Gummistiefeln fest auf dem Waldboden bei den Preiselbeersträuchern steht, ist ihre Offenheit für Einflüsse von außen. Wie bei diesem Hirschtopf, zu dem es die nordische Variante des im Nahen Osten häufig servierten Petersiliensalats gibt.

4 Portionen

1 kg Wildfleisch, zum Beispiel vom Bug
2 Zwiebeln, geschält
2 EL Butter
8 Wacholderbeeren
3 Lorbeerblätter
5 Thymianzweige
6 schwarze Pfefferkörner
400 ml Rotwein
400 ml Wild- oder Kalbsbouillon
4 Möhren
1 Knollensellerie (etwa die Hälfte der Möhrenmenge)
Salz

»Nordisches Taboulé«
100 ml Quinoa
¼ Kopf Weißkohl
1 TL Salz
2 Bund Petersilie oder essbare Wildkräuter
3 EL tiefgekühlte Preiselbeeren
3 EL kalt gepresstes Rapsöl

1. Fleisch und Zwiebeln in ca. 4 mal 4 Zentimeter große Stücke schneiden.
2. Beides bei hoher Temperatur in einem großen Bräter in Butter anbraten.
3. Gewürze, Wein und Bouillon hinzufügen.
4. Das Fleisch ca. 1½ Stunden bei niedriger Temperatur schmoren.
5. Möhren und Sellerieknolle schälen, in ca. 3 mal 3 Zentimeter große Stücke schneiden und nach 1 Stunde in den Bräter dazugeben.
6. Mit Salz abschmecken.
7. Quinoa nach Packungsanleitung zubereiten und dann abkühlen lassen.
8. Weißkohl in feine Streifen schneiden und mit 1 Teelöffel Salz vermischen. 2 Minuten durchkneten, damit der Weißkohl weich wird.
9. Petersilie/Wildkräuter verlesen und grob hacken.
10. Quinoa, Weißkohl, Petersilie, Preiselbeeren und Rapsöl zum »nordischen Taboulé« mischen und zum Hirschtopf servieren.

Rindersteak aus Weidehaltung mit Gerste, Kräutern und Möhrensalat

Die berühmten Mägen der Kuh sind geschaffen, um das Gras wiederzukäuen. Das machen Kühe so gut, dass sie das im Stroh enthaltene Protein und die guten Fette optimal verwerten. Das Problem für die Kuh (und in vergleichbarer Weise auch für uns) entsteht, wenn sie stattdessen ein Futter erhält, das auf Körnern basiert. Dann bekommt die Kuh Magenschmerzen, während der fütternde Mensch jede Menge Ressourcen vergeudet. Denn Körner können wir ja auch direkt selbst essen.

4 Portionen

100 ml Gerstenkörner
8–12 Möhren
Salz
2 EL Essigessenz (12 % Säuregehalt)
500–800 g Steakfleisch (4 Scheiben)
1 EL Speiseöl
4 EL Butter
1 Bund Kräuter (z.B. Thymian, Salbei, Rosmarin)

1. Getreide laut Packungsanleitung kochen.
2. Die Möhren auf einer Mandoline (alternativ einem Käsehobel) in dünne Scheiben hobeln.
3. Möhrenscheiben mit ein paar Prisen Salz und Essigessenz mischen.
4. Möhren bei Zimmertemperatur zur Seite stellen.
5. Die Steaks auf beiden Seiten salzen.
6. Mit etwas Speiseöl in der Pfanne auf beiden Seiten anbraten.
7. Butter sowie ein paar Zweige Thymian oder andere Kräuter hinzugeben. Das Fleisch mit der zerlaufenen Butter stetig beträufeln und noch 2–3 Minuten auf beiden Seiten braten, bis es »medium rare« ist (Kerntemperatur 48 °C).
8. Getreide, marinierte Möhren und Kräuter mischen. Mit ein paar Löffeln Butter vom Fleisch abschmecken und zu den Steaks servieren.

WIR SIND ALLE VERSCHIEDEN

KAPITEL 12

Pizza – für manche durchaus gesund

Ob ein Essen gesund ist oder nicht, liegt nicht nur am Essen selbst. Verschiedene Menschen können ganz unterschiedlich auf genau dasselbe reagieren.

Kürzlich erschien eine israelische Studie, die den Boden für die sogenannte »persönliche Ernährung« bereitete.

In Tel Aviv hatten Forscher 50 000 Mahlzeiten an 900 Personen ausgegeben, um danach 1,5 Millionen Blutproben und Stuhlproben genommen.

Was sollte das bringen? Tja, es zeigte sich, dass der Blutzuckeranstieg nach einer Mahlzeit von einer Person zur anderen stark variierte. Die Mehrzahl der Testpersonen wies bei mediterraner Kost einen stabilen Blutzuckerspiegel auf, und bei den meisten stieg der Blutzucker wie erwartet, wenn sie Pizza gegessen hatten, aber einige reagierten auch überhaupt nicht darauf. Viele hatten nach Reis bessere Werte als nach Eis, aber in einigen Fällen war es genau umgekehrt. Die Forscher ließen Sauerteigbrot aus alten Getreidesorten backen, aber einige Testpersonen zeigten bessere Werte, wenn sie industriell hergestelltes Weißbrot aßen. Bei einigen stieg der Blutzucker kräftig an, nachdem sie Tomaten gegessen hatten, die normalerweise als sehr gesund gelten, und so setzte sich das fort.

Die Ursache schien in der jeweiligen Darmflora der Teilnehmer zu liegen. Zwar sagt die Studie nichts über die Langzeitfolgen von Vitamin- und Mineralmangel, aber sie kommt trotzdem zu dem Ergebnis, dass unsere Darmflora in Kombination mit Erbanlagen uns völlig unterschiedliche Voraussetzungen gibt. Nach Meinung der Forscher des Weizmann-Instituts in Tel Aviv ist es dennoch sinnvoll, generell beispielsweise zu einer Ernährung mit mediterraner Kost zu raten. Ihre Studien zeigen darüber hinaus, dass Ernährungsempfehlungen sehr bald bedeutend mehr individualisiert werden könnten.

Die Auswirkung des Essens auf den Blutzucker ist natürlich nur einer von vielen Faktoren, die dabei berücksichtigt werden müssen. Mit Blick auf die globale Zunahme von Diabetes-Typ-2-Erkrankungen ist das aber ein außerordentlich wichtiger Aspekt.

Der nächste Schritt wäre folgerichtig, persönliche Empfehlungen zu entwickeln, die auch den Bedarf an Vitaminen, Mineralien und anderen Nährstoffen berücksichtigen.

Es hat sich bereits ein Muster herauskristallisiert, dass nämlich gesundes Essen am besten für diejenigen ist, denen es sehr gut geht und die eine ausgeglichene Darmflora haben. Die Reichen werden noch reicher. Das ist ungerecht, oder?

Doch wenn wir uns über die Ungleichheit im Klaren sind, lassen sich Strategien entwickelt, die allen helfen, und nicht nur denjenigen, die ihre Schäfchen bereits im Trockenen haben.

Dasselbe scheint für sportliche Betätigung zu gelten: Sie ist positiv für eine gesunde Darmflora, aber geradezu schädlich für einen Darm in Ungleichgewicht.

Werden wir uns in Zukunft Bakterien in unseren eigenen Darm setzen, damit wir Pizza und Eis besser vertragen? Ja, wahrscheinlich. Aber so weit sind wir noch nicht. Bis dahin können wir schauen, ob wir zur Schar derjenigen gehören, die noch etwas tun können, ohne ein furchtbar schlechtes Gewissen zu bekommen.

Das Gute ist: Die meisten scheinen die langfristige Balance ihrer eigenen Darmflora durch gezielte Ernährung verbessern zu können, aber rechnen Sie damit, dass es von drei Monaten bis zu einem Jahr dauern kann.

Mikrobielles Detox

Welche Darmbakterien wir besitzen, kann entscheidend dafür sein, wie stark wir auf Nährstoffe, aber auch auf schädliche Chemikalien reagieren.

Gesunde, biologisch aktive Substanzen in Obst und Gemüse müssen in vielen Fällen auf die richtigen Darmbakterien treffen, damit wir sie auch im Körper aufnehmen und ihre positive Wirkung nutzen können. Gleichzeitig können Giftstoffe durch Darmbakterien neutralisiert werden. Ein Bespiel ist die chemische Verbindung Bisphenol A in Kunststoffen, die die Hormone beeinflusst. Aber dasselbe gilt auch für verschiedene Umweltgifte, Schimmelgifte sowie krebserregende Stoffe, die entstehen, wenn wir das Fleisch zu stark grillen.

Zusammenfassend können wir sagen, dass wir eine individuelle Empfindlichkeit für unterschiedlichste Stoffe haben. Die Vielfalt im Darm ist zugleich Ihre beste Verteidigung. Für die Zukunft erhoffen sich die Forscher, uns noch individueller und zielgerichteter helfen zu können, die Luken in unserer eigenen Darmflora dicht zu machen.

Linsen-Wildbret-Bolognese mit Weißkohlnudeln

Ist Wildbret, also Fleisch von frei lebenden (Wald-)Tieren, gesünder als das Fleisch von anderen Vierbeinern? Die Frage wurde bislang noch nicht untersucht. Aber wilde Tiere konnten sich zumindest im Wald herumtreiben und sich selbst mit diversen Kräutern »marinieren«. Mit diesem Rezept gehen wir auch mit der Zeit: Fleisch spielt längst nicht mehr die Hauptrolle auf dem Teller, und auch zu Nudeln finden sich heute zahlreiche Alternativen.

4 Portionen

300 g fein gehacktes Wildbret (z.B. Hirsch, Reh, Wildschwein)
2 EL Olivenöl
1 Zwiebel
3 Knoblauchzehen
3 Möhren
2 Lorbeerblätter
100 ml rote Linsen
200 ml Rotwein
400 ml stückige Tomaten
schwarzer Pfeffer, frisch gemahlen
200 ml Wasser
Salz
¼ Kopf Weißkohl
2 Liter kochendes Wasser
1 TL Salz
2 EL Apfelessig
100 g Parmesan
6–8 Blätter frischer Oregano

1. Das Fleisch bei mittlerer Hitze 3–4 Minuten in Olivenöl anbraten.
2. Zwiebel, Knoblauch und Möhren schälen. Grob reiben oder in einem Fleischwolf mahlen.
3. Gemüse und Lorbeerblätter zum Hackfleisch geben und weitere 3–4 Minuten braten.
4. Linsen, Wein, zerstückelte Tomaten, schwarzen Pfeffer und das Wasser hinzufügen.
5. Ca. 45 Minuten zu einer dicklichen Konsistenz einkochen lassen. Bei Bedarf mehr Wasser zugießen.
6. Den Weißkohl in feine Streifen schneiden und in ein Sieb legen.
7. Mit kochendem Wasser übergießen, abtropfen und abkühlen lassen.
8. Die restliche Flüssigkeit herausdrücken und mit Salz und Essig abschmecken.
9. Die Bolognese mit Salz abschmecken und zusammen mit dem gesäuerten Weißkohl, dem geriebenen Parmesan und frischem Oregano servieren.

Mangold mit Knoblauch, Butter und Haselnüssen

Mangold war eine der ersten Gemüsesorten, die zum Züchten während langer Weltraumreisen, wie zum Beispiel zum Mars, in Betracht gezogen wurde. Das war kein Zufall. Die dunkelgrünen Blätter und tiefroten Stiele verraten, dass er reichlich Vitamine wie A, C und B6 sowie nicht zuletzt Magnesium enthält, an dem es während depressiver Phasen oftmals fehlt. Außerdem ist Mangold extrem reich an Antioxidantien.

4 Portionen

2–3 Bund Mangold
3 EL Butter
1 EL Knoblauch, grob gehackt
8–12 gelbe Cocktailtomaten
3 EL Haselnüsse, geröstet

1. 2–3 Liter leicht gesalzenes Wasser zum Sieden bringen.
2. Mangold waschen, abtropfen lassen und in feine Streifen schneiden.
3. Butter in einer Pfanne schmelzen. Knoblauch hinzufügen und glasig dünsten. Pfanne von der Kochplatte nehmen.
4. Mangold 20–30 Sekunden im siedenden Wasser blanchieren.
5. Mangold aus dem Topf in ein Sieb heben, gut abtropfen lassen und beiseitestellen.
6. Mangold und halbierte Tomaten mit der Knoblauchbutter mischen und mit geriebenen oder gehackten Haselnüssen bestreuen.

Gelbe-Bete-Grünkohlsalat mit Joghurt und Sonnenblumenkern-Vinaigrette

Grünkohl ist die Antwort der Natur auf eine Multivitamintablette. Aber sein Geschmack kann gewöhnungsbedürftig sein. Muss er aber glücklicherweise bei der richtigen Zusammenstellung der Zutaten nicht, wie hier mit Gelber Bete, Joghurt und etwas Honig.

4 Portionen

2–6 Gelbe Beten
200 g Grünkohl
3 EL Sonnenblumenkerne
1 EL kalt gepresstes Rapsöl
2 TL Apfelessig
100 ml Joghurt
1–2 EL Honig

1. Die Bete in leicht gesalzenem Wasser weich kochen (je nach Größe ca. 45–60 Minuten).
2. Von der Kochplatte nehmen und in dem Kochwasser abkühlen lassen. Noch lauwarm schälen, dann lässt sich die Schale am besten entfernen.
3. Strunk der Grünkohlblätter herausschneiden und die Blätter 20–30 Sekunden in siedendem Salzwasser blanchieren.
4. Grünkohl herausnehmen und in Eiswasser abschrecken. Die restliche Flüssigkeit herausdrücken.
5. Die geschälte Bete in kleinere, etwa 3–4 Zentimeter große Stücke schneiden und mit dem Grünkohl mischen.
6. Sonnenblumenkerne in Rapsöl bei mittlerer Temperatur goldbraun rösten (denken Sie daran, dass die Kerne in der Pfanne noch weiterbraten, deshalb die Pfanne rechtzeitig vom Herd nehmen, damit sie nicht anbrennen).
7. Sonnenblumenkerne mit Essig abschmecken.
8. Den Gelbe-Bete-Grünkohlsalat mit Joghurt, Honig und Sonnenblumenkern-Vinaigrette garnieren.

Apfel-Weißkohlsalat mit Minze und grünen Erbsen

»An apple a day keeps the doctor away«, lautet ein altes englisches Sprichwort, das aus Wales stammen soll. Äpfel stecken voller Ballaststoffe und Antioxidantien. Eine vor Kurzem veröffentlichte Studie zeigte, dass Apfelesser seltener Pflege infolge einer Krankheit benötigen als andere. Viele der bioaktiven Stoffe sitzen in der Farbe, die durch die Sonnenstrahlen zustande kommt, wenn der Apfel noch am Baum hängt. Suchen Sie sich also den Apfel aus, der am meisten Sonne bekommen hat!

4 Portionen

½ Kopf Weißkohl
3 TL Salz
2 EL Rosinen
3 EL Apfelessig
2 EL gehackter Dill
1 EL gehackte Minze
2 EL Olivenöl
100 ml grüne Erbsen, gekocht
1 Apfel
3 EL Haselnüsse, geröstet

1. Weißkohl in feine Streifen schneiden und in eine große Schüssel geben.
2. Salz hinzugeben und 2–3 Minuten mit der Hand vorsichtig durchmischen, bis der Kohl weich zu werden beginnt.
3. Rosinen, Essig, Dill, Minze, Olivenöl und grüne Erbsen hinzugeben.
4. Apfel in dünnen Spalten über den Kohlsalat schneiden.
5. Haselnüsse hacken und darüberstreuen.

NORDISCH ANGEHAUCHT

KAPITEL 13

Essen für Wikinger

Bereits vor mehr als tausend Jahren »wüteten« die angeblich bärenstarken Wikinger, und bis heute zählen Skandinavier zu den langlebigsten Menschen der Welt. Die Dänen sind außerdem die glücklichsten. Es gibt sicher viele Erklärungen dafür, aber die ganze Forschung deutet darauf hin, dass Essgewohnheiten eine zentrale Rolle für unsere Gesundheit spielen. In unserem vorherigen Buch *Happy Food* haben wir darüber berichtet, dass sich aus Forschersicht mediterrane Kost empfiehlt. Nun ist es an der Zeit, das nordische Essen eingehender unter die Lupe zu nehmen.

In den letzten Jahren hat die »Nordic Diet« weltweit für Schlagzeilen gesorgt. Sie basiert auf Nahrungsmitteln, mit denen man sich seit Langem in Schweden, Norwegen, Dänemark, Finnland und Island ernährt. Dazu zählen Blattgemüse, Hülsenfrüchte, Kohl- und Zwiebelgewächse, Vollkorn von Roggen, Gerste, Hafer und Weizen, Fisch, Obst wie Äpfel und Birnen und sogar Pfirsiche, die in Dänemark angebaut werden, sowie Beeren. Frische Rohwaren je nach Saison, die haltbar sind und vor Ort in nordischem Klima angebaut wurden.

Sie erkennen womöglich bereits das gleiche Muster: Die Ähnlichkeit mit *Happy Food* und sogar mit mediterraner Kost ist frappant.

In der Mitte der Ernährungspyramide – den Ernährungsempfehlungen – finden wir Wurzelgemüse, Brot, Eier und Milchprodukte sowie vielleicht etwas Fleisch, aber von frei laufenden Tieren und am besten solches vom Wild.

An der Spitze der Pyramide steht das, von dem wir möglichst wenig oder gar nichts essen sollen, damit es uns gut geht: Wurstwaren und Gebäck.

Bei der »Nordic Diet« ist außerdem Olivenöl durch Rapsöl ersetzt.

Niklas und ich finden allerdings, die Wissenschaftler sollten bei ihren Forschungen noch ein größeres Augenmerk auf gesäuerte Milchprodukte wie Filmjölk (schwedische Sauermilch), isländischen Skyr und auch auf Sauerkraut legen.

Auch sie haben eine lange Geschichte im Norden, nicht zu vergessen unsere sehr speziellen Fischspezialitäten wie schwedischer Surströmming (vergorener Hering), isländischer Súr hvalur (fermentierter Hai) oder norwegischer Rakfisk (in Lake eingelegter Fisch), die die Geruchssinne und Geschmacksknospen gleichermaßen Purzelbäume schlagen lassen.

Besonders die milchgesäuerten Produkte wurden zum Kennzeichen der sogenannten »New Nordic Diet«, die zuerst von Spitzenköchen in Dänemark entwickelt wurde, bald aber die gesamte nordische Gastro-Szene prägte. Dahinter steckt die Idee, lokale und mit traditionellen Methoden produzierte Nahrungsmittel weiterzuentwickeln, indem man die Rohwaren auf neue Art kombiniert und dabei auch Einflüsse von außen zulässt.

Genauso wie mediterrane Kost wird die nordische Kost mit einem verminderten Risiko für Herzerkrankungen und Diabetes Typ 2 in Verbindung gebracht, zudem auch mit Gewichtsreduzierung. Erst neulich zeigte ein Vergleich, dass nordische Kost das Risiko für Gedächtnisschwund im Alter am deutlichsten reduzierte.

Bitter, aber gesund

Ältere nordische Sorten von Kohl und Wurzelgemüse mit ihrem ursprünglich bitteren Geschmack sind noch gesünder als die Sorten, die wir im Laden kaufen. Als Forscher im dänischen Århus bittere Gemüsesorten anbauten und sie dann Patienten mit Diabetes Typ 2 vorsetzten, ging es diesen viel besser.

Für Weinliebhaber ist »terroir« ein bekannter Begriff, der für das Zusammenwirken von Boden, Klima, Landschaft und die kulturellen Einflüsse steht, die zu dem Endprodukt beitragen. Gehaltvolle Weine stammen oft von uralten Reben, die auf kargen Böden wachsen und extrem widerstandsfähig sein müssen. Das Ergebnis sind kleinere, aber hochwertige Traubenernten mit aromatischen Früchten, die voller bioaktiver Stoffe stecken.

Die durchaus naheliegende Frage lautet also: Gibt es ein »terroir« für Gemüse?

Vor einigen Jahren starteten Forscher der Universität Århus ein spannendes Experiment. Sie suchten in der Nordischen Genbank, in der Samen von alten Sorten aufbewahrt werden, nach Kohl und Wurzelgemüse, die von früheren Generationen angebaut wurden und einen deutlich bittereren Geschmack haben, als wir ihn heute gewohnt sind. Bald schon säten die Forscher Weiß-, Grün- und Spitzkohl, Rote Bete, Möhren und Wurzelsellerie aus.

»In den letzten hundert Jahren war man bestrebt, mittels Veredelung die bitteren Geschmacksrichtungen zu unterdrücken und die Süße hervorzuheben. Wir stellten bald fest, dass die älteren Sorten eine viel größere Geschmacksbandbreite hatten und viele Sorten kräftig und nicht selten bitter schmeckten«, erklärt Hanne Lakkenborg Kristensen, die das Projekt leitet.

Dann begann die zweite Phase des Experiments: Zwei Jahre lang wurden die »alten«, bitter schmeckenden Kohlsorten und das Wurzelgemüse an ein Krankenhaus geliefert, in dem einmal pro Jahr 45 Patienten ausgesucht und in drei Gruppen eingeteilt wurden. Einer Gruppe wurde zwölf Wochen lang normales Essen serviert, eine zweite Gruppe erhielt ein Spezialmenü mit täglich 500 Gramm handelsüblichem Gemüse. Die letzte Gruppe nahm dieselbe Menge Gemüse zu sich, allerdings das von den »alten«, bitteren Sorten.

»Der gesundheitliche Effekt war über beide Jahre in denjenigen Gruppen sehr gut, die viel Gemüse aßen, aber eindeutig in der Gruppe am besten, die die bitteren Sorten bekamen«, berichtet Hanne Lakkenborg Kristensen.

Anhand entnommener Proben zeigte sich, dass die Patienten verbesserte Blutfette und einen ausgeglicheneren Blutzuckerspiegel hatten. Einige mit mittlerer Diabetes Typ 2 konnten für gesund erklärt werden.

Hanne Lakkenborg Kristensen und die assoziierten Forscher vermuten, dass die bitteren Geschmacksrichtungen von den bioaktiven Glucosinolaten (auch Senfölglycoside genannt) kommen, die bewiesenermaßen eine positive Wirkung auf die Blutzuckerbalance haben.

Wie bereits früher erwähnt, liegt das größte Problem der westlichen, industriell verarbeiteten Lebensmittel darin, dass sie so ballaststoffarm geworden sind. Aber es gibt ein weiteres großes Problem: Während Mineralien und Vitamine irgendwie erhalten bleiben, sind die biologisch aktiven Substanzen in diesen Lebensmitteln ebenfalls verloren gegangen.

Hanne Lakkenborg Kristensen vertritt die Theorie, dass das etwas raue nordische Klima dazu beigetragen haben kann, dass sich hier besonders gesunde Sorten von Wurzelgemüse entwickelten, die reich an biologisch aktiven Substanzen sind. Im Frühjahr gibt es im Großen und Ganzen nichts zu ernten. Deshalb haben sich die Menschen seit jeher auf das Wurzelgemüse verlassen, das sie den Winter über vorrätig hielten. Die Sorten, die am lagerfähigsten waren, enthielten die meisten Antioxidantien und biologisch aktiven Substanzen. Und sie schmeckten – bitter.

Ein unerwarteter Nebeneffekt ist, dass jene Gemüsesorten mit kräftigem Geschmack auch deutlich mehr zu sättigen scheinen.

Inzwischen wurde das ursprünglich MaxVeg genannte Projekt weiterentwickelt und als Projekt »Bitter-Gesund« fortgesetzt. Es werden bittere Sorten von Blumenkohl, Rotkohl, Wirsing, Rosenkohl, Wurzelpetersilie und Pastinake angebaut. Alles wird ökologisch und an mehreren unterschiedlichen Orten gezüchtet.

»Viele Faktoren spielen dabei eine Rolle: die Sorte, der Boden und das Klima. Aber es zeichnet sich ab, dass ökologisch angebautes Gemüse mehr biologisch aktive Substanzen enthält. Das ist logisch, denn ohne künstlichen Dünger müssen die Pflanzen sich stärker anstrengen, um zu überleben«, erläutert Hanne Lakkenborg Kristensen.

Viele der biologisch aktiven Substanzen, die uns beim Essen guttun, gehören zur pflanzeneigenen Immunabwehr. Ziel des Projektes ist, die Dänen zum Verzehr von mehr bitteren Gemüsesorten zu bringen. Durch eine Beispielrechnung, die auf den Ergebnissen des Krankenhausexperimentes basiert, zeigte sich, dass man Milliarden in der Pflege einsparen könnte, wenn man die alten Kultursorten, die geschmacksintensiver und bitterer sind, in der alltäglichen Ernährung einsetzen würde.

»Wir konnten ein großes neu erwachtes Interesse für Blatt- und Wurzelgemüse feststellen, als die Leute den Geschmacksunterschied feststellten.

Die alten Sorten zu nutzen ist gut für die Gesundheit. Aber auch das Essen selbst wird dadurch besser und abwechslungsreicher.

Wenn es am Ende dazu führt, dass die Menschen mehr Gemüse essen, dann ist viel gewonnen«, sagt Hanne Lakkenborg Kristensen.

Nahrungsmittel mit kräftigem, oft leicht bitterem Geschmack werden seit Langem stark mit einem gesunden Lebensstil in Verbindung gebracht.

Die japanische Insel Okinawa gilt als jener Ort auf der Welt, an dem die Menschen am ältesten werden. Zudem ist die Insel berühmt für ihre Kochkunst. Zu den Eckpfeilern der lokalen Esskultur gehören leicht bitter schmeckende Pflanzen wie Gōyā, auch Bittermelone genannt, Hirami-Zitrone sowie Beifuß und andere lokale Kräuter.

Die Bitterstoffe der Gōyā stammen von dem Berberin, das für seine krebshemmende Wirkung geschätzt wird und das auch positive Effekte für das Herz und die Blutzuckerregulierung zeigt.

Das italienische Dorf Acciaroli südlich von Salerno ist ebenfalls bekannt dafür, dass seine Bewohner erstaunlich alt werden. Die durchschnittliche Lebenserwartung für Frauen liegt hier bei 92 Jahren – acht Jahre mehr als der italienische Durchschnitt –, während die Männer im Schnitt 85 Jahre alt werden.

Eine noch laufende Studie zeigt, dass es sich die Bevölkerung hier zur Gewohnheit gemacht hat, auf den Hügeln umherzuwandern und dabei Wildpflanzen und sehr schmackhafte Kräuter zu pflücken, die voller biologisch aktiver Substanzen stecken.

Das Lieblingsgewürz in Acciaroli, wo die Leute traditionell mediterrane Kost essen, ist der Rosmarin, den sie in fast jedem Gericht großzügig verwenden. Das wunderbar kräftige Aroma des Rosmarins erinnert besonders in rohem Zustand etwas an Harz.

Auf der griechischen Insel Ikaria, einer weiteren blauen Zone, in denen Menschen oft hundert Jahre alt werden, pflücken die Einwohner ebenfalls Mengen von Rosmarin sowie Oregano und Thymian, die wild an den Hängen wachsen. Während ich diese Zeilen schreibe, muss ich einfach eine Tüte mit Bergkräutern öffnen, die ich von meinem letzten Besuch dort mitgebracht habe, den Duft tief einatmen und mir damit eine Tasse Tee kochen.

Irgendwie munden die Gewürzkräuter, die auf Ikaria wachsen, sehr viel besser als das Kraut gleichen Namens, das man im Supermarkt bekommt. Und merkwürdigerweise schmecken die Kräuter vom nordwestlichen Teil der Insel noch intensiver als die aus dem Südosten Ikarias.

Es muss sich dabei wohl um Eigenarten des »terroir« handeln …

Roggen – das reine Glückskorn

Lange war Roggen in den nordischen Ländern das wichtigste Brotgetreide. Heute wissen wir, dass Roggenbrot aus Vollkorn bei der abendlichen Brotzeit Fettleibigkeit und Diabetes Typ 2 vorbeugen kann. Zudem hat man am nächsten Morgen bessere Laune. Einer neueren Dissertation ist zu entnehmen, dass Roggen das reine Glücksessen ist. Andere Forschungsergebnisse deuten darauf hin, dass Roggen eine positive Wirkung bei Alzheimer-Patienten zeigt.

Vollkorn hat sich in vielen Studien als gut für die Gesundheit erwiesen, wurde aber nicht selten wegen seines Kohlenhydratgehalts infrage gestellt.

»Wir wollten mehr darüber wissen, warum Vollkorn so offensichtlich gut ist. Meine Dissertation präsentiert noch weitere Argumente für einen höheren Konsum von Vollkorn, besonders Roggen und Gerste«, erklärt Jonna Sandberg, als ich sie anrufe.

Als eine der wichtigsten positiven Eigenschaften konnte gezeigt werden, dass das volle Korn vom Roggen komplett bis in den Dickdarm hinunterwandert, ohne zerlegt zu werden, und erst dort von den Darmbakterien fermentiert wird. Dabei werden eine Menge Stoffe freigesetzt, die die Darmgesundheit verbessern, das Hungergefühl reduzieren und den Blutzuckerspiegel für elf bis 14 Stunden nach einer Mahlzeit stabil halten.

Das bezeichnet man als »second-meal-Effekt«, weil der Blutzucker auch bei der nächsten Mahlzeit noch niedrig gehalten wird. Dieser Effekt tritt ferner dann auf, wenn Vollkornprodukte mit Vollkorn-Roggenmehl unter Zusatz von resistenter Stärke gemischt werden.

Jonna arbeitet am Institut für Lebensmitteltechnik in Lund. Dort haben Forscher schon früher untersucht, wie unser Stoffwechsel und die Darmflora von Vollkorn-Gerste positiv beeinflusst werden.

Roggen scheint eine ähnliche Rolle zu spielen. Es gibt jedoch Unterschiede. Während Roggen insbesondere das Sättigungsgefühl beeinflusst, hat Gerste eine leicht stärkere Wirkung bei der Blutzuckersteuerung.

Die Quintessenz lautet wieder einmal, dass Vielfalt gut ist. Es ist gut, Vollkorn von verschiedenen Getreidearten zu essen, weil sie teilweise unterschiedliche Ballaststoffe enthalten.

Vergessen Sie auch nicht, dass Hafer – genauso wie Gerste – einen weiteren gesunden Ballaststoff enthält: Beta-Glucan, das sowohl das Sättigungsgefühl als auch die Insulinausschüttung und den Blutzuckergehalt reguliert. Damit beugt Vollkorn nicht zuletzt auch Fettleibigkeit und Diabetes Typ 2 vor.

Der positive Effekt des Roggenbrotes war eindeutig am stärksten, wenn die Keime des Getreidekorns ebenfalls vollständig verwendet wurden. Sie enthalten resistente Stärke, die durch eine Hülle geschützt ist und deshalb weit nach unten im Darm gelangt, bevor sie von Darmbakterien fermentiert wird.

Fein gemahlenes Vollkornmehl hat nicht ganz die gleiche Wirkung wie vollständige Keime, auch wenn es viele Ballaststoffe und etliche Vitamine und Mineralien enthält.

Als die Probanden auf einer Skala zeigen sollten, ob sie froh oder niedergeschlagen, zufrieden oder unzufrieden, passiv oder aktiv waren, entpuppte sich Roggen als reines Glücksessen.

Am meisten überraschte die Entdeckung, dass diejenigen, die Roggenbrot zum Abendessen aßen, am nächsten Morgen bessere Laune hatten. Das ist zwar bislang die erste Entdeckung in dieser Richtung, aber vielleicht ist es die

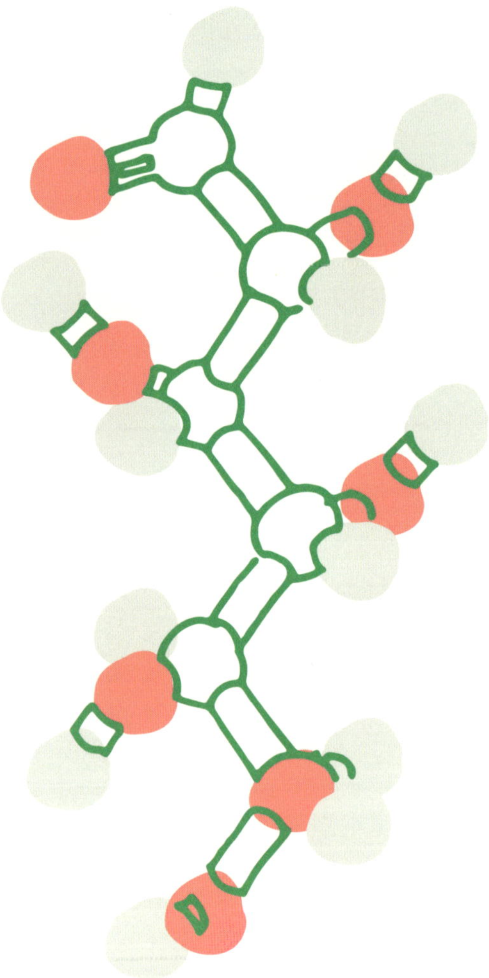

Erklärung dafür, dass die Dänen regelmäßig zu den glücklichsten Leuten der Welt gewählt werden. Wer isst schon mehr Roggenbrot als die Dänen?!

Crashkurs: Ballaststoffe

Versuchen wir, uns einen Überblick über das sperrige Thema der Ballaststoffe zu verschaffen. Im Grunde ist es ganz einfach: Alles ist Zucker.

Ist es nur ein einziges Zuckermolekül, dann spricht man von Monosacchariden. Beispiele sind Glucose und Fructose.

Viele zusammengesetzte Zuckermoleküle werden Polysaccharide genannt. Beispiele für Polysaccharide sind zuvorderst Stärke, mit der Pflanzen ihre Energie speichern, und dann Glykogen, der entsprechende Energiespeicher bei Mensch und Tier.

Die Polysaccharide in der Nahrung, egal ob Stärke oder Glykogen, sind Ballaststoffe.

Chemisch unterscheiden sich Polysaccharide von normalem Zucker allein dadurch, dass die Zuckermoleküle in langen Ketten zusammensitzen.

Wenn diese Ketten etwas kürzer sind, können körpereigene Enzyme sie aufspalten, bis sie so klein sind, dass sie im Blut aufgenommen werden können. Dieser Prozess beginnt bereits im Mund und setzt sich bis in den Dünndarm fort.

Je kleiner die Zuckermoleküle sind, desto schneller werden sie im Körper aufgenommen.

Ballaststoffe haben so lange Ketten, dass sie nicht von unseren eigenen Enzymen aufgespalten werden können. So werden sie stattdessen zum Futter für die Bakterien, die sich im Dickdarm befinden.

Bei dem Gärprozess bilden sich Fettsäuren und andere Stoffe, die wir benötigen. Sie gleichen den Blutzuckerspiegel aus und verhindern Entzündungen im Darm.

Glossar:

Kohlenhydrate

Glucose: Traubenzucker. Wird von Muskelzellen als Energie genutzt oder in Fettzellen gespeichert.

Fructose: Fruchtzucker. Wird nicht in Muskel- und Fettzellen gespeichert, sondern wandert direkt in die Leber, wo er in Glucose umgewandelt wird. Sein Gehalt in Obst ist relativ gering.

Blutzucker: Der Gehalt von Glucose im Blut, der als Blutzuckerwert in mmol/l gemessen wird. Gesunde Menschen haben einen Wert zwischen 4 und 7 mmol/l.

Normaler Tafelzucker: Glucose und Fructose.

Stärke: Besteht aus langen Glucose-Ketten, mit denen Pflanzen Energie speichern. Brot, Nudeln und Kartoffeln sind Nahrungsmittel mit viel Stärke.

Glykogen: Glucose, wenn sie in der Leber gespeichert wird.

Ballaststoffe: Pflanzenteile, die nicht von Enzymen in Magen und Dünndarm aufgespalten werden und den Dickdarm erreichen. Dort werden sie teilweise von Darmbakterien abgebaut.

Resistente Stärke: Sie ist so stabil, dass man früher glaubte, sie würde im Darm überhaupt nicht abgebaut. Deshalb zählte man sie auch nicht zu den Ballaststoffen. Heute wissen wir, dass sie sich hervorragend für die Darmgesundheit eignet.

Man findet sie in Hülsenfrüchten und Vollkorn, in dem der Keimling erhalten ist, sowie in gekochten und wieder erkalteten Kartoffeln. Dies gilt eingeschränkt auch für Reis und Nudeln.

Der Ballaststoffeffekt von Nudeln verbessert sich, wenn man sie al dente, also mit etwas Biss, verzehrt.

In einzelnen Nahrungsmitteln gibt es häufig viele verschiedene Sorten von Ballaststoffen. Resistente Stärke und Beta-Glucane gibt es in Hafer und Gerste und sogar in Pilzen. Daraus können Darmbakterien dann Buttersäure produzieren. Diese wiederum trägt zu einer guten Darmgesundheit bei und reguliert den Blutzucker.

Hinweis: Als Verbraucher müssen Sie nicht alle Arten von Ballaststoffen unterscheiden können. Essen Sie einfach möglichst viele Speisen aus unverarbeiteten Nahrungsmitteln. Diese enthalten alle eine Mischung von vielen verschiedenen Ballaststoffen. Essen Sie viele unterschiedliche pflanzliche Nahrungsmittel.

Tipp: Versuchen Sie, jeden Tag etwas aus folgenden fünf Nahrungsmittelgruppen zu verzehren: Zwiebelgewächse, Kohl- und andere Kreuzblütengewächse, grüne Blattgemüse, Hülsenfrüchte und Vollkorn. Nehmen Sie dann noch Beeren und anderes Obst, Nüsse, Körner, Kräuter und Pilze hinzu.

Weizen auf dem Prüfstand

Glutenintoleranz und ein Zusammenhang zwischen Fettleibigkeit und Diabetes Typ 2 sind jene negativen Faktoren, die den Weizen in Verruf gebracht haben. Aber ist jede Art von Weizen – einschließlich aller Zubereitungsarten – gleich schädlich? Gibt es eine Möglichkeit, die Risiken zu umgehen?

Das kleine Weizenkorn hat eine so intensive Diskussion ausgelöst wie kaum etwas anderes. Nur wenige Lebensmittel stoßen auf so divergierende Ansichten. Einerseits ist es eine leicht anzubauende Rohware, die Milliarden Mägen sättigt, andererseits steht es stellvertretend für westliches Junkfood.

Obwohl unsere Vorfahren seit mindestens 30 000 Jahren Weizen vermahlen und gegessen haben, verbindet man das Getreide mit vielen der in den letzten Jahren um sich greifenden Gesundheitsprobleme wie Fettleibigkeit, Diabetes und Darmprobleme, die durch Glutenintoleranz bzw. Empfindlichkeit gegen glutenhaltige Lebensmittel ausgelöst werden.

Beim Misstrauen gegenüber Weizen geht es vor allem um vier Dinge:

1. *Kohlenhydrate.* Weißes Mehl mit schnellen Kohlenhydraten verursacht Schwankungen im Blutzuckerspiegel und steht in Verbindung mit wachsender Insulinresistenz, Fettleibigkeit und Diabetes Typ 2.

2. *Nährstoffgehalt.* Weißem Mehl fehlen die gesündesten Teile inklusive der Ballaststoffe des Weizenkorns.

3. *Gluten.* Der hohe Gehalt von Gluten in den modernen, stark veredelten Weizensorten wird von vielen Menschen nicht vertragen.

4. Viele Ölsaaten und Hülsenfrüchte, darunter auch Weizen, enthalten Phytinsäure, die die Aufnahme von Eisen und anderen Mineralien blockiert.

Die ersten beiden Punkte haben wir bereits behandelt. In modernen Mühlen werden die Weizenkörner mit Stahlwalzen zu so feinem Staub verarbeitet, dass dieser sehr schnell im Dünndarm aufgelöst wird und einen hohen Blutzuckeranstieg bewirkt.

Aber genau wie bei den übrigen Getreidearten ist die Wirkung eine völlig andere, wenn wir ganze oder grob geschrotete Körner essen. Sie behalten ihre ursprüngliche Menge an Mineralien und biologisch aktiven Substanzen bei und gelangen außerdem bis hinunter in den Dickdarm, ohne den Blutzucker anschwellen zu lassen.

Eine Expertin auf dem Gebiet von Getreide – und damit auch Weizen – ist die Ernährungswissenschaftlerin Kerstin Fredlund, die ihre Dissertation über Getreide geschrieben hat. Sie engagiert sich für das Projekt »Allkorn«, das sich seit 1995 an der Landwirtschaftshochschule in südschwedischen Alnarp für die Erhaltung alter, regionaler Getreidesorten einsetzt.

Kerstin Fredlund sorgt sich darüber, wie das moderne ballaststoffarme Getreide die Gesundheit der Bevölkerung beeinflusst, aber sie sieht auch Lösungsmöglichkeiten.

Als wir uns in ihrer Wohnung in Kalmar treffen, unterstreicht sie, dass alle Getreide, inklusive der verschiedenen Weizensorten, von wilden Grasarten stammen, die über Millionen Jahre eine wichtige Nahrungsquelle für die Entwicklung der gesamten menschlichen Zivilisation darstellten.

»Aber die Menschheit hat sich nie zuvor von so wenigen Sorten wie heute ernährt«, sagt Kerstin Fredlund, für die gerade diese Einseitigkeit als eines der großen Probleme gilt. Unsere Vorfahren waren seit Urzeiten Allesfresser, die die verschiedensten Nahrungsmittel gesammelt und verzehrt haben. Archäologische Funde zeigen, dass es sich dabei sowohl um Fleisch und Fisch als auch um große Mengen an verschiedenen Pflanzen, inklusive Samen, gehandelt hat.

Heute stammen ganze 60 Prozent der gesamten Energie, die auf diesem Planeten durch Nahrung aufgenommen wird, von vier Nutzpflanzen: Weizen, Reis, Mais und Kartoffeln.

Kerstin Fredlund ist auf der Insel Öland als Landärztin tätig, kämpft aber gleichzeitig darum, alte Kultursorten und Methoden zu bewahren. Sie ist sowohl Forscherin als auch Inhaberin einer Firma für Produktentwicklung, gleichzeitig versorgt sie im Rahmen des Gesundheitswesens ihre Patienten.

»Es ist inzwischen erschreckend normal, dass Sechzigjährige mit Dickdarmkrebs, Diabetes Typ 2 und Herz-Kreislauf-Erkrankungen zur Behandlung kommen. Es sind Wohlstandskrankheiten, an denen mindestens zwei Millionen Menschen allein in Schweden leiden. Laut einhelliger Forschungsmeinung kann Vollkorn unter anderem diesen Krankheiten vorbeugen. Aber nur einer von zehn isst ausreichend Vollkorn.«

Der Ballaststoffmangel hängt damit zusammen, dass fein gemahlenes Weizenmehl seit hundert Jahren unsere hauptsächlichste Quelle für Getreide geworden ist. Früher war Weizenmehl dem oberen Bürgertum vorbehalten. Aber Anfang des 20. Jahrhunderts kämpften die Gewerkschaften dafür, dass auch die Arbeiterklasse Zugang zu Weizenmehl bekommen sollte. Es war ein Symbol für ein besseres Leben.

»Jetzt ernten wir die ungesunden Auswirkungen dieses Ballaststoffmangels. Wir müssten heute viel mehr Ballaststoffe essen«, meint Kerstin Fredlund.

Die Veredelung des Weizens war ihrer Meinung nach auf hohen Ertrag gerichtet. Die Industrie wollte Weizen mit guten technischen Eigenschaften, der gegen schadhafte Insekten widerstandsfähig ist, Feuchtigkeit und Wärme verträgt, gute Lagereigenschaften besitzt und mit hohem Glutengehalt gute Backergebnisse erzielt. Im Unterschied zu alten, Urweizen genannten Sorten ist moderner Weizen weitgehend geschmacklos.

»Mein Traum ist, dass die Industrie beginnt, die alten Land- und Kultursorten so zu veredeln, dass deren Geschmack, Farbe und weitere Eigenschaften hervorgehoben werden. Zwischen den verschiedenen Sorten gibt es enorme Aromaunterschiede. Die besonderen Arten sollten genauso bewahrt werden wie Kaffee- und Kakaosorten.

Die Unterschiede zwischen den verschiedenen Getreidesorten sind genauso interessant wie die von Trauben für die Weinkelterung!«

Kerstin Fredlunds Botschaft lautet, dass die Gesundheitsprobleme zu großen Teilen gelöst werden könnten, indem man traditionelle, heute häufig vergessene Anbaumethoden wieder einführt. Das ist nicht nur möglich, sondern schlicht und einfach notwendig.

Die Menschheit steht, wie wir alle wissen, vor großen Herausforderungen, wenn es darum geht, eine wachsende Bevölkerung zu ernähren, während gleichzeitig die Anbauflächen infolge der Klimaveranderungen zurückgehen. In bestimmten Klimazonen ist es daher unabdingbar, Getreide anzubauen, das gut wächst und einen hohen Nährstoffgehalt in Form von für die Darmflora nützlichen Ballaststoffen sowie Proteine, Vitamine und Mineralien enthält. Es muss nur auf die richtige Art geschehen.

Gluten im Fokus

Bis zum Ende des 19. Jahrhunderts haben wir uns in Schweden von vielen verschiedenen Getreidesorten wie Gerste, Hafer und Roggen ernährt. Zu den Weizensorten zählten auch Einkorn, Emmer, Dinkel und eine Vielzahl regionaler Landweizensorten. Aber hundert Jahre später waren uns drei Viertel der Samensorten verloren gegangen.

Heute machen die modernen Weizensorten einen Großteil all jener Kalorien aus, die rund um den Erdball konsumiert werden.

»Eine so einseitige Ernährung auf der Grundlage weniger, völlig neuer Weizensorten ist ein beispielloses Phänomen in der Menschheitsgeschichte«, meint Kerstin Fredlund dazu. »Ich sehe es als ein gigantisches Experiment mit der Gesundheit der Bevölkerung, allerdings ohne Kontrollgruppe.«

Gluten bindet den Teig und bewirkt, dass das Brot weich und locker wird. Selbstverständlich sind das erstrebenswerte Backeigenschaften. Leider besitzen aber gut ein Drittel aller Menschen in Schweden sowie im übrigen Europa und in den USA Risikogene, die Zöliakie infolge einer Glutenintoleranz hervorrufen können. In Schweden sind ungefähr drei Prozent der Bevölkerung lebenslang von der Krankheit betroffen, weitere zehn Prozent leiden an zeitweiligen Beschwerden.

Studien zeigten ein wachsendes Risiko bei Menschen mit gestörter Darmflora und einem größeren Anteil von Gift produzierenden Bakterien. Bei Mäusen konnte eine Glutenintoleranz mit Antibiotika hervorgerufen werden. Ein höheres Risiko, an Zöliakie zu erkranken, entsteht durch Virusinfektionen im Kindesalter und einen Kaiserschnitt.

Kerstin Fredlund findet, bei diesem Thema wird gerne übersehen, dass Gluten aus mehreren hundert verschiedenen Proteinen besteht, die sich sehr ähneln, aber nur wenige von ihnen richten wirklich Schaden an.

Fakten:

Gluten für Fortgeschrittene

»Gluten besteht hauptsächlich aus sogenannten Prolaminen und Gluteninen. Prolamine im Weizen nennt man Gliadine. Eines davon, das Alpha-Gliadin, spielt bei der Entwicklung einer Glutenintoleranz die wichtigste Rolle. Aber nicht alle Alpha-Gliadine sind gleich gefährlich. Von den 230 existierenden Gensequenzen sind rund 50 schädlich, und besonders vier können die Darmschleimhaut schädigen.

Schauen wir auf die Glutenmenge insgesamt, so war sie in bestimmten älteren Weizensorten wie Dinkel oder sogenanntem Saatweizen genauso hoch, teilweise sogar noch höher. Diese und moderne Weizensorten haben einen dreifachen Chromosomensatz mit 42 Chromosomen gemeinsam. Primitiver Weizen wie Einkorn hat nur 14 Chromosomen und eine niedrige Glutenstärke.

Emmer, Durumweizen (für Nudeln) und Kamut haben 28 Chromosomen und rufen in deutlich geringerem Maße Darmentzündungen hervor, verglichen mit Getreide, das einen dreifachen Chromosomensatz hat«, erklärt Kerstin Fredlund.

Prolamine in Roggen, Gerste und Hafer bezeichnet man als Secaline, Hordeine und Avenine. Sie sind nicht in gleichem Maß veredelt wie in modernen Weizensorten. Man weiß, dass Gluten in Hafer unschädlich ist; in Roggen und Gerste ist es nur wenig untersucht. Aber wenn man bereits eine Glutenintoleranz hat, sollte man diese Getreide auch nicht essen.

»Urgetreide enthält eine größere Vielfalt von Glutenproteinen. Die primitiven Getreide Einkorn und Emmer haben einen geringeren Anteil Gluten mit schädlichen Epitopen (und damit eine geringere Fähigkeit, eine Reaktion in der Immunabwehr auszulösen)«, so Kerstin Fredlund.

Wenn Sie bereits eine Intoleranz entwickelt haben, reicht es vielleicht nicht, auf solche Getreidesorten auszuweichen, aber in Bevölkerungsgruppen, die sich von mehr Sorten ernähren, scheint das Problem der Intoleranz nicht so stark aufzutreten. Wahrscheinlich kann eine wachsende Vielfalt von Weizensorten zu einer beträchtlich geringeren Entwicklung von Glutenintoleranzen von Anfang an beitragen. So wie es früher war.

In Ländern wie Italien und Deutschland sind weitaus mehr regionale Getreidesorten erhältlich. Dort kommt Glutenintolerenz weniger vor als in Skandinavien. Die meisten Erkrankungen gibt es ganz klar in den nordeuropäischen Ländern, wo die Vielfalt der Getreidesorten niedrig ist und Sauerteigbrote weniger üblich sind.

Beim Herstellen von Sauerteig – am besten über mehr als zwölf Stunden – und beim Mälzen können Glutenproteine ganz oder teilweise abgebaut werden. Diese Methoden können zu einer besseren Toleranz beitragen, was aber noch weiter untersucht werden muss.

Kerstin Fredlund würde auch gerne sehen, dass Gerste, Roggen und Hafer häufiger verwendet werden, denn sie alle haben ihre besonderen Stärken (und freilich auch Schwächen) beim Backen und Kochen.

Wer weiterhin Weizen essen möchte, seine Glutenaufnahme aber reduzieren will, sollte zu Einkorn, Emmer, Durum und Kamut (Khorasan-Weizen) greifen. Um beim Verzehr abzuwechseln, kann man auch Dinkel und verschiedene Landweizensorten hinzunehmen.

»Diese Sorten eignen sich durchaus auch für Porridge, Brei, Brot, Knäckebrot, Pies, Waffeln, Pfannkuchen und Gebäck aller Art. Allerdings man muss zum Teil andere Backtechniken erlernen und anwenden, was dem geringeren Glutenanteil im Weizen geschuldet ist«, berichtet Kerstin Fredlund.

Das Brot wird beispielsweise kompakter, wie es früher war. Es ist noch nicht so lange her, dass wir uns an die locker-luftigen Sorten gewöhnt haben, die heute allgegenwärtig sind.

In Dänemark kennt man das traditionelle Porridge-Gericht *øllebrød*, bei dem man Sauerteigbrot aus Vollkornroggen zu einem Brei verkocht. Für Kerstin Fredlund auch ein ausgezeichnetes Kinderessen.

Urweizen ist im Handel als Vollkorn oder Gries erhältlich. In Italien kennt man ihn als *farro* – echter Farro ist Emmerweizen –, der in der umbrischen Küche häufig verwendet wird.

Dank der Pionierleistungen der Öko-Bauern und -Lebensmittelläden sind diese Körner heute überall im Handel leicht erhältlich.

Fakten:

Historische Landwirtschaft

Archäologen zufolge begann man vor 13 000 Jahren mit der Landwirtschaft, aber damals hatten die Menschen bereits seit Langem wilde Grassorten gesammelt.

Funde belegen, dass Menschen vor 30 000 Jahren bereits Steinwerkzeuge verwendeten, um verschiedene nährstoffreiche Grassaaten, die sie gesammelt und verarbeitet hatten, zu mahlen. Kürzlich fand man durch aufwendige Genanalysen heraus, dass man sich bereits vor 25 000 Jahren mit der Veredelung von Weizen beschäftigte.

Einkorn-Weizen: Er existiert seit 6,5 Millionen Jahren und gilt als der erste Weizen, den unsere Vorfahren als wildes Urgetreide aßen und nach und nach anbauten. Genetisch ist er mit dem modernen Weizen nicht mehr verwandt. Einkorn enthält zwar nur wenig Gluten, gilt aber nicht als sicher, wenn man bereits eine Intoleranz entwickelt hat. Er enthält viel Protein und Carotinoide wie Lutein und Lycopin, die das Mehl gelb färben.

Emmer: Er existiert seit 380 000 Jahren. Ebenfalls ein Urgetreide, das aber mit modernen Sorten verwandt ist. Typisch sind sein herzhaft-nussiger Geschmack und die dunkle Farbe. Emmer wurde viele Tausend Jahre bevorzugt rund um das östliche Mittelmeer kultiviert. In Skandinavien baute man Einkorn und Emmer bereits vor 5000 Jahren bis in die Wikingerzeit (also bis ins 11. Jahrhundert) an. Als das Klima kälter wurde, stellte man den Anbau ein. Bis ins 20. Jahrhundert dominierten dann Gerste, Roggen und Hafer.

Dinkel (Spelz): Dinkel entstand vor vielen Tausend Jahren durch die Kreuzung von Emmer mit Wildgras. Vor etwa 7000 Jahren begann man Dinkel anzubauen, bis zur Wikingerzeit auch in Schweden. Sein Geschmack ist recht mild. Die Schale des Dinkelkorns enthält genauso viel entzündungsförderndes Gluten wie moderne Saatweizen.

Durumweizen: Das aus Emmer entstandene Getreide mit hohem Glutengehalt ist vor allem als Hartweizen bekannt und in der Küche in Form von Nudeln und anderen Teigwaren allgegenwärtig.

Kamut (auch Khorasan-Weizen): Die Getreidesorte wurde aus Emmer gezüchtet, hat jedoch doppelt so große Saatkörner und einen nussigen Geschmack. Sie stammt wahrscheinlich aus Anatolien, wurde aber vorwiegend in Ägypten angebaut. Der Legende nach fand man die Saatkörner bei Ausgrabungen eines Pharaonengrabes. International bekannt wurde Kamut 1949, als ein amerikanischer Pilot Saatgut aus Europa mit nach Montana nahm, wo er seit den 1970er-Jahren kommerziell angebaut wird.

Landweizen: Nacktweizensorten ohne Schale entstanden durch Kreuzungen zwischen Emmer und einem Wildgras. Neuere Forschungen dokumentierten,

dass nackte Saatweizensorten schon mehrere Tausend Jahre existierten, bevor es Dinkel mit Schale gab. Verschiedene Sorten Landweizen entwickelten sich und passten sich den regionalen Umwelt- und Klimaverhältnissen an. Dinkel und Landweizen enthalten viele Proteine und Carotinoide wie Lutein und Lycopin, durch die die Getreidefelder ihren goldenen Schimmer erhalten.

Gerste: Sie wurde genau wie Weizen aus wilden Grassorten gezüchtet und war zusammen mit Einkorn und Emmer das erste Getreide, das die Menschen anbauten.

Roggen: Er wurde in Zentraleuropa schon vor 3500 Jahren angebaut und war lange das wichtigste Brotgetreide. Noch heute ist Deutschland der weltweit größte Roggenproduzent, als Lebensmittel allerdings wird das aromatische Getreide immer seltener eingesetzt.

Hafer: Er wird in Europa seit 2000 Jahren angebaut und gilt aus ernährungsphysiologischer Sicht mit seinem hohen Anteil an ungesättigten Fettsäuren, den leicht verdaulichen Kohlenhydraten und vielen wichtigen Ballaststoffen als besonders wertvoll.

Widerspenstige Mineralien

Ein ähnlich großes Problem wie die Glutenintoleranz genießt weit weniger Aufmerksamkeit: Es ist die in jedem Getreide enthaltene Phytinsäure. Je mehr Mineralien, desto mehr Phytinsäure. Sie hemmt die Aufnahme wichtiger Mineralien wie Eisen und Zink sowie von Magnesium, Kalzium, Phosphor und Mangan.

Phytinsäure steckt auch in Hülsenfrüchten, Nüssen und Ölsaaten. In Nüssen und Samen, die roh gegessen werden, hilft aber ein Enzym, die Phytinsäure im Darm zu neutralisieren.

In Entwicklungsländern, deren Bevölkerung eine traditionelle Ernährungsweise weitgehend aufgegeben hat, ersetzt häufig ein schmales Kontingent einfachster Lebensmittel die früher vielseitige Kost. Bei diesen Gruppen kann die Phytinsäure im Getreide zu großen Problemen, sprich: Mineralmangel und Unterernährung, führen. Man nennt diese Mangelerscheinungen auch »Verborgener Hunger«. In den westlichen Industrieländern tritt das Problem weniger auf – trotz vielfach geäußerter Befürchtungen in diversen Blogs –, weil die meisten durch ihren Fleischkonsum ausreichend mit Eisen und Zink versorgt sind. Die Aufnahme von Mikronährstoffen über tierische Produkte wird durch Phytinsäure nämlich nicht gehemmt.

Während ein Viertel des im Fleisch enthaltenen Eisens vom Körper aufgenommen wird, sind es bei in Samen und Körnern steckendem Eisen lediglich fünf Prozent.

Die Industrie hat versucht, das Problem zu umgehen, indem sie Getreidesorten mit höherem Mineralstoffgehalt gezüchtet hat. Das hört sich raffiniert an, führt aber zu neuen Problemen. So ist der Anbau mineralstoffreicher Nahrungsmittel eine Verschwendung von Ressourcen, wenn wir das darin enthaltene Mehr an Mineralstoffen gar nicht verwerten können. Denn es ist unklar, wie viel vom angereicherten Eisen wir überhaupt aufnehmen können. Womöglich nämlich sind es lediglich zwei bis drei Prozent. Einige Forscher, darunter auch Kerstin Fredlund, vermuten auch, man könne nicht sicher sein, dass eine Anreicherung mit Eisen ungefährlich ist. Weil Eisen ein Prooxidant ist, trägt das restliche Eisen zur Vermehrung von

schädlichen Darmbakterien bei, was das Krebsrisiko ansteigen lassen kann.

Eine bessere Idee nach Meinung dieser Forscher wäre, dass die Getreideindustrie in großem Maße ähnliche Methoden wie unsere Vorväter anwendet, nämlich die Phytinsäure mithilfe von Sauerteig, Keimung, Mälzen, Einweichen und Wärmebehandlungen abzubauen und damit die biologische Aufnahme von Mineralien zu erhöhen.

Bereits in den 1990er-Jahren erwarb Kerstin Fredlund ein schwedisches Patent auf diesem Gebiet. Aber trotz Unterstützung von wissenschaftlicher Seite fehlte auf höchster staatlicher Ebene der Wille zur Umsetzung. Das Patent wurde nie verwendet. Als der Patentschutz kürzlich auslief, startete Kerstin Fredlund ihr Unternehmen »Hidden in Grains« in der Hoffnung, ihre Ideen zumindest in kleinem Stil verwirklichen zu können.

Inzwischen hat diese Thematik an Aktualität deutlich gewonnen. Viele wollen ihren Fleischkonsum zurückfahren und sind deshalb sensibilisiert. Insbesondere Vegetarier und nicht zuletzt Veganer müssen sich bezüglich Eisen- bzw. Mineralstoffversorgung ernsthaft Gedanken machen.

Aber was ist eigentlich Phytinsäure? Sie dient dem Schutz des im Keimling enthaltenen Phosphors, damit dieser wachsen kann. Da aber diese chemische Bindung so stark ist, kann unser Körper nur schwer die übrigen Mineralien dieses Keimlings im Darm aufnehmen.

Phytinsäure kann außerdem die Mineralstoffaufnahme von anderen Nahrungsmitteln hemmen, die Sie gleichzeitig verzehren. Das geschieht nicht dauerhaft, sondern nur bei den Bissen, die Sie zufällig gleichzeitig essen.

Das heißt aber keineswegs, dass wir alle Vollkornprodukte verwerfen müssen und nur noch Fleisch essen dürfen, um ausreichend mit Mineralien versorgt zu sein.

Vollkorn hat so viele andere Vorteile für unsere Gesundheit, dass es eine ausgesprochen schlechte Idee wäre, vollständig darauf zu verzichten. Was wäre dann mit den vielen anderen Nährstoffen wie Ballaststoffen, Vitaminen und Ölen sowie den Mengen an verschiedenen biologisch aktiven Substanzen, die uns verloren gingen?

Erinnern wir uns auch daran, wie viele Studien eindeutig nachgewiesen haben, dass diejenigen, die Nüsse und Vollkorn essen, besser und länger leben.

Außerdem können Nüsse und Samen roh verzehrt werden, die enthaltene Phytinsäure wird dann durch ein Enzym im Darm abgebaut.

Der Nutzen ist einfach deutlich größer als die Risiken. Man schaue sich nur die Menschen auf der Erde an, die am längsten und gesündesten leben: Alle ernähren sich mit Lebensmitteln, die Phytinsäure enthalten. Das Geheimnis scheint darin zu liegen, ein paar einfache Ratschläge zu beachten.

Historisch betrachtet haben Menschen Getreide nie roh oder unverarbeitet gegessen. Es ist kein Zufall, dass das Einweichen und das Stampfen, die Herstellung von Sauerteig und das Keimen sowie die diversen Feucht- und Wärmebehandlungen von Getreide und Hülsenfrüchten seit Urzeiten zu den weltweit eingesetzten traditionellen Zubereitungsarten zählen.

Bei all diesen Methoden wird Phytinsäure ganz oder teilweise abgebaut und die Mineralien freigesetzt, die dann im Darm aufgenommen werden können.

Die einfachste Art, Phytinsäure abzubauen, steht sozusagen im Handbuch der Natur: Man aktiviert das Enzym Phytase, das sich ganz natürlich im Keimling befindet.

- **Einweichen:** Phytinsäure in Hülsenfrüchten – und auch in Vollkorn – kann abgebaut werden, indem man die Hülsenfrüchte über Nacht einweicht. Wenn die Industrie standardmäßig Getreide einweichen und auf 50 °C erwärmen würde, hätte sich ein Großteil des Problems erledigt. Ein saures Milieu verbessert die Aktivität der Phytase. Geben Sie deshalb etwas Zitrone oder Essig ins Einweichwasser.

- **Keimen:** Wenn das Korn keimt, wird Phytase aktiviert und die Phytinsäure abgebaut, weil der Keim zum Wachstum Phosphor benötigt, wobei die Mineralien weiter zugänglich bleiben.

- **Die Herstellung von Sauerteig** – am besten länger als zwölf Stunden – ist eine weitere Art, die Mineralien im Brot verfügbar zu machen. Das saure Milieu, das hier durch Milchsäurebakterien zustande kommt, begünstigt den Abbau der Phytinsäure.

Weitere Tricks: Wenn Sie während der Mahlzeit auch Vitamin C zu sich nehmen, zum Beispiel durch Orangen oder Beeren wie schwarze Johannisbeeren, Sanddorn, Hagebutte oder Kiwi, dann steigt auch die Eisenaufnahme. Hintergrund ist eine chemische Reaktion, bei der das dreiwertige in zweiwertiges Eisen umgewandelt wird. Anders als in tierischen Produkten ist das Eisen in allen Pflanzen anfangs dreiwertig. Nicht nur Vitamin C fördert organische Säuren, auch durch Gemüse in Milchsäuregärung wird die Eisenaufnahme verbessert.

Wenn Sie also Nüsse und Samen auf Ihr Müsli oder anderes Essen streuen, garnieren Sie es auch noch mit Beeren, Kiwi oder Zitrusfrüchten.

Die Gerbsäure in Kaffee und Tee kann ebenfalls die Mineralstoffaufnahme hemmen, aber auch dabei ist Vitamin C ein natürlicher Gegenspieler.

Vitamin-C-Bomben

Vitamin C kennen wir schon so lange, dass es fast etwas in Vergessenheit geraten ist, trotz seiner vielen Vorzüge für die Gesundheit. Es gibt viele gute Quellen für Vitamin C. Da es in vielen Früchten und Gemüsesorten enthalten ist, ist ein Mangel heutzutage eher selten. Wenn Sie aber nur wenig oder gar kein Fleisch essen – obwohl Fleisch die Mineralstoffaufnahme erleichtern würde – und gleichzeitig viele Nüsse, Samen und Vollkorn, kann ein Vitamin-C-Zusatz die Aufnahme von Eisen, Zink, Kalzium und anderen Mineralien verbessern, was Ihnen und Ihrem Körper guttut.

Die empfohlene Tagesmenge von 80 Mikrogramm entspricht einer Orange, dem Drittel einer Paprikaschote, 100 Gramm Brokkoli oder drei Röschen Rosenkohl.

Einige meinen, wir bräuchten bedeutend mehr Vitamin C. Der zweifache

Nobelpreisträger Linus Pauling stellte fest, dass Menschen und andere Primaten sowie Meerschweinchen die einzigen Lebewesen sind, die selbst kein Vitamin C produzieren können. Pauling errechnete eine Menge von mindestens 1000 Milligramm täglich, die wir aufnehmen müssten.

Das Thema Vitamin-C-Aufnahme wird bis heute kontrovers diskutiert, aber auch neuere Studien sprechen ohne Zweifel dafür, dass es gesund ist, Vitamin-C-reiche Nahrungsmittel zu essen.

Vitamin C ist wärmeempfindlich. Sein Anteil kann bei längerer Erhitzung oder beim Warmhalten von Speisen erheblich abnehmen. In ungeschält gekochten Kartoffeln bleibt beispielsweise auch mehr davon erhalten als in geschälten.

Orange (53 mg Vitamin C pro 100 g): Essen Sie die ganze Frucht und trinken Sie nicht nur den Saft, damit Sie auch die nährstoffreichen Ballaststoffe zu sich nehmen. Wechseln Sie mit Zitrone, Limette und Grapefruit ab.

Guave (182 mg pro 100 g): Auch andere exotische Früchte haben einen hohen Vitamin-C-Gehalt, z. B. Kiwi (63 mg) und Papaya (62 mg).

Hagebutte: Die roten Früchte der Pflanze sind schwer zu essen, aber mit einem extrem hohen Vitamin-C-Gehalt von über 400 Milligramm pro 100 Gramm nehmen sie den Spitzenplatz ein. Auf Platz zwei folgt der Cayennepfeffer. Hagebutten müssen getrocknet, als Tee gekocht oder zu einer Fruchtsuppe verarbeitet werden (Hagebuttensuppe: 190 mg pro 100 g).

Schwarze Johannisbeere (150 mg pro 100 g): Bei den traditionellen Beeren hat die schwarze Johannisbeere den besten Vitamin-C-Gehalt, gefolgt von roten Johannisbeeren. Gute Alternativen sind Sanddorn, Blaubeeren und nordische Moltebeeren sowie Himbeeren und Erdbeeren.

Grünkohl (120 mg pro 100 g): Die pflanzliche Antwort auf die Multivitamintablette enthält natürlich auch Vitamin C. Grünkohl kann gut mit Rotkohl, Rosenkohl, Brokkoli, Weiß- und Blumenkohl abgewechselt werden.

Zuckererbsen (66 mg pro 100 g): Manche Hülsenfrüchte sind auch ausgezeichnete Vitamin-C-Quellen. Die größte Menge steckt in Zuckererbsen, gefolgt von grünen Bohnen und gelben Wachsbohnen.

Paprika (205 mg pro 100 g): Paprika steckt voller gesunder bioaktiver Substanzen wie Vitamin C. Allerdings wird Paprika mit Pestiziden gespritzt wie kaum ein anderes Gemüse. Kaufen Sie Bio-Paprika.

Petersilie (182 mg pro 100 g): Etliche Kräuter enthalten viel Vitamin C, etwa Petersilie und Thymian, aber auch Rosmarin, Koriander, Basilikum, Dill und Schnittlauch. Man verwendet sie am besten frisch, aber auch aus dem Tiefkühlfach, sofern sie direkt nach der Ernte schockgefroren wurden. Selbst getrocknete Kräuter, Beeren und Früchte bewahren viele biologisch aktive Substanzen, auch wenn der Vitamin-C-Gehalt etwas abgenommen hat.

Gekochte Kartoffeln (14 mg pro 100 g): Die Knollen sind eine wichtige Vitamin-C-Quelle für diejenigen, die ansonsten wenig Obst und Gemüse essen. Anständige Mengen Vitamin C stecken auch in Meerrettich, Steckrüben, Wurzelpetersilie und Wurzelsellerie, eine kleine Menge sogar in Möhren.

Mineralien zum Wohlfühlen

Eine vegetarische Ernährung ist in vielerlei Hinsicht gut für die Gesundheit. Dabei kann es aber auch zu Mangelerscheinungen bestimmter Mineralien und Vitamine kommen, die wiederum unser psychisches Befinden beeinflussen. Glücklicherweise lässt sich dem relativ einfach entgegenwirken.

Eisenmangel kann in Deutschland bei rund 20 Prozent aller Frauen im gebährfähigen Alter festgestellt werden. Auch wenn Eisenmangel nicht direkt Depression verursacht, kann er sich doch durch Kopfschmerzen, Erschöpfung, Stimmungsschwankungen und Konzentrationsschwierigkeiten bemerkbar machen. Er kann auch Herzrhythmusstörungen verursachen, die Angst und Panikattacken auslösen können. Durch Vitamin C beispielsweise aus Zitrusfrüchten wird die Eisenaufnahme verbessert.

Zink ist nach Eisen der zweithäufigste Mineralstoff im Gehirn, der am stärksten mit Depression in Verbindung gebracht wird. Je höher der Zinkmangel, desto größer sind die Beschwerden.

Wie Studien belegen, kann eine Zinkzugabe den Genesungsprozess beschleunigen, wenn sie ergänzend zu anderen Behandlungen eingesetzt wird. Käse, rotes Fleisch und Schalentiere sind wichtige Quellen, pflanzliche Alternativen sind Vollkorngetreide, Hülsenfrüchte und Nüsse.

Magnesium und Depression stehen in engem Zusammenhang – wie mehrfach erwähnt. Auch wenn Studien zu unterschiedlichen Ergebnissen gekommen sind, zeigt doch eine Mehrzahl, dass bei einem Magnesiummangel das Risiko für eine Depression steigt, während sich ein Zuschuss positiv auswirkt. Durch Stress wird unser Magnesiumspeicher schneller geleert. Die Aufnahme wird durch Kalzium gehemmt, von dem viele große Mengen zu sich nehmen. Es hilft dann, sich ausgewogen mit Vollkorn, Nüssen und Samen zu ernähren.

Selenmangel hat sich in Studien ebenfalls als förderlich für Depressionen gezeigt, doch weniger eindeutig und schwächer als Zink und Magnesium. In Ländern wie Schweden, wo der Selengehalt im Boden recht niedrig ist, nehmen wir durch Getreide weniger Selen auf als Menschen in Ländern mit selenreichen Böden. Selen ist ein starkes Antioxidans, das mehrfach gesättigte Fettsäuren in den Zellen davor schützt, ranzig zu werden. Es unterstützt auch die Produktion von Schilddrüsenhormonen, die uns Energie und Vitalität geben. Selen steckt unter anderem in Nüssen, Vollkorn, in Rindfleisch und in Innereien. Seine Aufnahme scheint von Phytinsäure nicht so stark gehemmt zu werden.

Jodmangel stört die Schilddrüse, die wiederum die gesamte Körperenergie vom Stoffwechsel bis zur Immunabwehr und der Funktion des Gehirns beeinflusst. Depression kann auch hier ein Folgesymptom sein. Früher war Jodmangel in Schweden häufig, man begegnete ihm durch die Anreicherung von Speisesalz mit Jod. Inzwischen greifen aber viele zu den mineralstoffreichen Berg- und Meersalzen, was zur Folge hat, dass es wieder mehr Jodmangel gibt.

B-Vitamine, besonders Folsäure und Vitamin B12, haben sich in mehreren Doppelblindstudien als wirksame Mittel gegen Depression erwiesen. Die beste B12-Quelle ist Fleisch, weshalb Vegetarier und vor allem Veganer Nahrungsergänzungsmittel benötigen. Aber B12 wird auch von Darmbakterien gebildet. Folsäure findet sich in Bohnen, Vollkorn und grünem Blattgemüse. Die Quellen sind größtenteils dieselben wie für Magnesium.

Omega-3-Fette, die sich in fetten Fischsorten wie Hering, Lachs und Makrele finden, haben sich bei einer Mehrheit von Patienten mit Depression als hilfreich erwiesen. Dazu werden aber noch weitere Studien benötigt. Besonders die Fettsäuren EPA und DHA haben einen positiven Einfluss. Omega-3-Fette enthalten lebensnotwendige Fettsäuren, die wir nur über die Nahrung aufnehmen können.

Die meisten von uns nehmen davon zu wenig zu sich. Deshalb empfiehlt es sich, mehrmals in der Woche Fisch zu essen. Omega-3-Fette haben auch eine positive Wirkung auf die Darmflora.

Øllebrød

Um auch altes Roggenbrot verwenden zu können, kochten dänische Mönche schon früher einen Brei aus Brotresten. Inzwischen weiß man auch, dass Roggen besonders gesunde Ballaststoffe hat. In dieser Kombination bekam Øllebrød einen neuen Kultstatus in einigen der besten Restaurants der Welt. Zudem schmeckt diese Porridge-Version richtig gut! Man kann sie mit Zitrone oder Orange abschmecken oder wie hier mit einer köstlichen Eiercreme servieren.

4 Portionen

4 Scheiben altes Roggenbrot
ca. 200 ml Wasser zum Einweichen
2 EL Zucker
1 Ei
1 EL Zucker

1. Brot in kleine Stücke brechen, in eine Schale geben und mit reichlich Wasser übergießen. 1 Stunde einweichen lassen.
2. Das eingeweichte Brot mitsamt Wasser in einen Topf geben und bei niedriger Hitze 5–8 Minuten kochen. Dabei ständig umrühren, bis der Brei eine cremige Konsistenz bekommt.
3. Zucker hinzufügen und im Mixer glatt pürieren.
4. Ei und Zucker in einer separaten Schüssel mit dem Handmixer schaumig rühren.
5. Den warmen Brei mit der Eiercreme übergießen und servieren.

Drei Sorten Brot

Seit mindestens 14 400 Jahren backen Menschen Brot. 2018 entdeckte man einen Backofen, der bereits vor der Entstehung der Landwirtschaft in Betrieb war. Wie lässt sich das erklären? Unsere Vorfahren sammelten Samenkörner von Wildpflanzen, die sich zu einer ausgewogenen Mischung verschiedener Sorten fügten – ganz anders als die einseitige, ballaststoffarme Ernährung heute, die Intoleranzen hervorruft. Durch die Verarbeitung zu einem Sauerteig können die Mineralien im Brot besser von unserem Körper aufgenommen werden.

Knäckebrot mit Kartoffeln
15–20 Scheiben

Schritt 1
750 ml Milch
150 g Butter, geschmolzen
5 EL Honig
25 g Hefe
500 g feine (gesichtete) Weizen-Roggenmehl-Mischung
500 g Bio-Weizenmehl, möglichst steingemahlen

Schritt 2
1 EL Salz
500 g Weizenvollkornschrot
500 g Weizenmehl
750 g gekochte, geschälte Mandelkartoffeln (Puikula)

1. Milch, Butter und Honig handwarm auf 37 °C erwärmen.
2. Hefe in der lauwarmen Flüssigkeit auflösen und das Roggen- und Weizenmehl hinzufügen.
3. Von Hand oder mit der Küchenmaschine zu einem elastischen Teig kneten.
4. Mit einem Küchentuch bedecken und etwa 45 Minuten bei Zimmertemperatur oder etwas wärmer gehen lassen.
5. Den Backofen auf 250 °C vorheizen. Falls vorhanden, einen Backstein verwenden.
6. Salz, Weizenvollkornschrot und Weizenmehl hinzufügen und den Teig gut durchkneten.
7. Die Kartoffeln durch eine Presse drücken und zum Teig geben, nochmals durchkneten, bis sich die Kartoffeln gut im Teig verteilt haben.
8. Teig zu dünnen Fladen so groß ausrollen, dass sie in den Ofen passen.
9. Die Fladen auf den Backstein oder auf ein Blech legen und auf jeder Seite 2–4 Minuten backen.
10. Auf einem Gitter auskühlen lassen.

Sauerteigbrot
2 Laibe

Schritt 1: Sauerteigansatz
400 ml Wasser, 37 °C
320 g Bio-Weizenmehl, möglichst steingemahlen
1 EL Honig

Schritt 2: Brotteig
600 ml Wasser in Zimmertemperatur
25 g Hefe
900 g Bio-Weizenmehl, möglichst steingemahlen
400 g Sauerteigansatz (siehe oben)
5 TL Salz

Tag 1/2: Sauerteigansatz
1. 200 Milliliter Wasser mit 150 Gramm Mehl und 1 Esslöffel Honig glatt verrühren.
2. In ein Schraubglas mit Deckel füllen oder mit Folie abdecken. 48 Stunden bei Zimmertemperatur stehen lassen.

Tag 3: Sauerteigansatz
3. 100 Milliliter Wasser und 85 Gramm Mehl zur Mischung geben und wieder glatt rühren. Wieder verschließen und 24 Stunden stehen lassen.

Tag 4: Sauerteigansatz
4. Den Schritt von Tag 3 wiederholen.

Tag 5: Brot backen
5. Die Hefe im Wasser auflösen. Die Hälfte des Mehls hinzufügen und den Teig 10 Minuten bearbeiten.
6. 400 Gramm Sauerteigansatz, Salz, das restliche Weizenmehl sowie Roggenmehl hinzufügen und den Teig weitere 20 Minuten bearbeiten.
7. Den Teig in eine Schüssel setzen, mit einem Tuch bedecken und 2 Stunden gehen lassen.
8. Den Teig auf eine mit Mehl bestreute Arbeitsfläche kippen, in der Mitte teilen und daraus 2 Brotlaibe formen. Dabei den Teig nicht zu stark kneten, damit so viel Luft wie möglich darin erhalten bleibt.
9. Etwas Mehl über die Brote streuen, wieder mit dem Tuch abdecken und weitere 1½ Stunden gehen lassen.
10. Den Backofen auf 250 °C vorheizen. Falls vorhanden, einen Backstein verwenden oder ersatzweise ein umgedrehtes Blech. Dieses zum Aufheizen mit in den Ofen stellen.
11. Einen kleinen Topf oder eine hitzebeständige Schüssel mit etwas Wasser auf den Boden des Backofens stellen.
12. Die Brote auf den Backstein oder das Blech im Ofen setzen.
13. Die Ofentemperatur auf 200 °C reduzieren und die Brote 40–50 Minuten backen. Die Brote sind durchgebacken, wenn sie beim »Anklopfen« etwas hohl klingen. Auf einem Gitter auskühlen lassen.

Baguette mit Emmer
6 Stück

Schritt 1: Vorteig
800 g Bio-Weizenmehl, möglichst steingemahlen
20 g frische Hefe
1 l kaltes Wasser

Schritt 2: Hauptteig
600 g Bio-Weizenmehl, möglichst steingemahlen
200 g Emmermehl
2 EL Meersalz

Tag 1: Vorteig
1. Mehl, Hefe und Wasser zu einer Art dickem Pfannkuchenteig verrühren.
2. Mit einem Backtuch abdecken. Bei Zimmertemperatur 12-16 Stunden gehen lassen, bis der Teig sein Volumen verdoppelt hat.

Tag 2: Brot backen
3. Das Weizenmehl auf der Arbeitsfläche häufen. 60-120 Gramm davon abnehmen und beiseitestellen.
4. Eine Mulde in den Mehlhaufen drücken und den Vorteig sowie das Meersalz hineingeben.
5. Vorteig mit einer Hand verrühren und nach und nach das umgebende Mehl einarbeiten. Bei Bedarf das zur Seite gestellte Mehl noch hinzufügen. Der Teig soll sich elastisch und nicht klebrig anfühlen.
6. Den Teig zu einer Kugel formen, mit einem Tuch abdecken und 30 Minuten gehen lassen.
7. Teig anschließend in 12 gleich große Kugeln teilen.
8. Kugeln mit dem Tuch abdecken und weitere 10 Minuten ruhen lassen.
9. Jeweils 2 Kugeln verwirken und zu Baguette-Stangen formen. Dabei den Teig nicht zu stark kneten, damit so wenig Luft wie möglich entweicht.
10. Baguette-Stangen auf ein Backblech setzen, dabei auf ausreichend Platz achten, da die Baguettes noch aufgehen. Mit etwas Mehl bestreuen und mit einem Tuch abdecken.
11. Weitere 3-4 Stunden gehen lassen.
12. Inzwischen den Backofen auf 260 °C vorheizen.
13. Die Baguettes an der Oberfläche mit einem scharfen Messer oder einer Rasierklinge 3- bis 4-mal quer einschneiden und 20-25 Minuten im Ofen backen.
14. Aus dem Ofen nehmen und auf dem Gitter ca. 30 Minuten auskühlen lassen.

Makrelen-Sandwich

Wie alle fetten Fische steckt die Makrele voller gesunder Omega-3-Fette. Warum sind sie so gut? Fangen wir damit an, dass ungefähr die Hälfte Ihrer grauen Zellen aus dem Fischfett DHA besteht, das Ihr Körper allerdings nicht selbst herstellen kann – Sie müssen es durch die Nahrung aufnehmen. Sie können praktisch selbst die Größe Ihres Gehirns durch gesundes Essen beeinflussen, wie zum Beispiel durch den Genuss einer Makrele …

4 Portionen

4 Eier
200–300 g geräucherte Makrele
2 EL Kapern
4 EL Mayonnaise
5 cm Lauch, in Ringe geschnitten
1 EL Zitronensaft
1 EL frischer Meerrettich, gerieben
2 Baguettes
2 EL Olivenöl
1 Bund Mangoldblätter oder Salat

1. Die Eier in siedendem Wasser 6 Minuten kochen. Anschließend abkühlen lassen und schälen.
2. Gräten aus der geräucherten Makrele entfernen und den Fisch in kleine Stücke rupfen.
3. Makrele, Kapern, Mayonnaise, Lauch, Zitronensaft und Meerrettich vermengen.
4. Baguettes der Länge nach aufschneiden und mit etwas Olivenöl rösten.
5. Brot mit dem Makrelendip, gekochten Eiern und Mangold belegen.
6. Nach Belieben noch etwas Meerrettich darüberreiben sowie etwas Zitrone darüberträufeln.

Skyr mit nordischen Beeren und Kernen

Isländischer Skyr wurde ursprünglich aus nichtpasteurisierter Milch hergestellt, die frisch gemolken von der Kuh kam. Man fügte dann einen Schuss alten Skyr hinzu, um die richtigen Milchsäurebakterien in Gang zu bringen, die zwischen anderen Mikroben steckten. Dieser Skyr konnte dann den ganzen Winter über halten. In Schweden und Finnland kennt man ein ähnliches Rezept für *filbunke*, heute muss man eine Säurekultur zu der pasteurisierten Milch geben.

4 Portionen

200 ml Skyr
200–300 ml Beeren (Brombeeren, schwarze Johannisbeeren, Blaubeeren)
3 EL Sonnenblumenkerne
2 EL Honig

Den Skyr mit Beeren, Kernen und Honig garnieren.

Keimlinge von Erbsen, Linsen und Kernen

Durch ein raffiniertes System aus der Natur schützt das Samenkorn seine Mineralstoffe, bis es an der Zeit ist zu keimen. Beim Keimen werden Eisen und andere Mineralstoffe freigesetzt, sodass wir sie besser aufnehmen können. Da Samen sehr viele Mineralstoffe enthält, bleibt für uns bestimmt einiges übrig, aber besonders Veganer sollten darauf achten, dass sie genug aufnehmen. Mit verschiedenen Tricks kann man den Samen überlisten, wie beim Backen mit Sauerteig oder in der Kombination mit Zitrusfrüchten.

Kichererbsensprossen

1. 200 Gramm getrocknete Kichererbsen 12 Stunden lang einweichen.
2. Gründlich unter kaltem Wasser abspülen, um die Stärke auszulösen.
3. In ein ausreichend großes Schraubglas füllen.
4. Glasöffnung mit einem dünnen Tuch abdecken und dieses mit einem Gummiband befestigen. Bei Zimmertemperatur und vor Licht geschützt beiseitestellen.
5. Glasinhalt 2-mal täglich mit kaltem Wasser spülen. Nach 2–3 Tagen bilden sich Keimsprossen.
6. Nach 5–6 Tagen können die Sprossen verzehrt werden.

Grüne-Linsen-Sprossen

1. 100 Gramm grüne Linsen 8 Stunden lang einweichen.
2. Gründlich unter kaltem Wasser abspülen, um die Stärke auszulösen.
3. In ein ausreichend großes Schraubglas füllen.
4. Glasöffnung mit einem dünnen Tuch abdecken und dieses mit einem Gummiband befestigen. Bei Zimmertemperatur und vor Licht geschützt beiseitestellen.
5. Glasinhalt 2-mal täglich mit kaltem Wasser spülen. Nach 2–3 Tagen bilden sich Keimsprossen.
6. Nach 5 Tagen können die Sprossen verzehrt werden.

Sonnenblumenkernsprossen

1. 100 Gramm getrocknete Sonnenblumenkerne 2 Stunden lang einweichen.
2. Gründlich unter kaltem Wasser abspülen, um die Stärke auszulösen.
3. In ein ausreichend großes Schraubglas füllen.
4. Glasöffnung mit einem dünnen Tuch abdecken und dieses mit einem Gummiband befestigen. Bei Zimmertemperatur und vor Licht geschützt beiseitestellen.
5. Glasinhalt 2-mal täglich mit kaltem Wasser spülen. Nach 3 Tagen bilden sich Keimsprossen.
6. Nach 4 Tagen können die Sprossen verzehrt werden.

Buchweizen-Risotto mit Fenchel- und Erbsensprossensalat

Unter dem Gesundheitsaspekt betrachtet, ist Fenchel der kleine vergessene Cousin von Petersilie und Koriander. Sowohl sein Samen als auch sein Strunk werden in der Naturmedizin verwendet. Sein Gehalt an Ballaststoffen und Folsäure hat ihm den Ruf eingebracht, er sei gut fürs Herz. Hier servieren wir ihn mit Roter Bete, die die Gefäße erweitert, und mit von Natur aus glutenfreiem Buchweizen. Der kräftige Västerbotten-Käse – er wurde übrigens einst von einem Verwandten von Henrik erfunden – schmeckt ausgezeichnet dazu.

4 Portionen

2 Schalotten
300 ml geschroteter Buchweizen
600 ml Hühnerbrühe
150 g Västerbotten-Käse (ersatzweise Emmentaler oder Greyerzer)
4 EL Crème fraîche
1 EL Fenchelsamen
1 Fenchelknolle
3–5 gekochte Rote Beten
3 EL kalt gepresstes Rapsöl

1. Schalotten schälen und fein hacken.
2. Schalotten und Buchweizen in Rapsöl 4–5 Minuten in einem Topf mit dickem Boden sautieren.
3. Hühnerbrühe unter Rühren nach und nach zugießen. Die Flüssigkeit jeweils einkochen lassen. Unter Rühren Brühe nachgießen, bis der Buchweizen noch etwas bissfest ist.
4. Käse zur Hälfte reiben und zusammen mit der Crème fraîche zum Risotto geben.
5. Fenchelsamen bei mittlerer Temperatur in einer trockenen Pfanne rösten.
6. Fenchelknolle in dünne Scheiben schneiden oder hobeln.
7. Die gekochte Rote Bete in Spalten schneiden.
8. Das Buchweizen-Risotto mit geröstetem Fenchelsamen, frischen Fenchelscheiben und Roter Bete garnieren. Den restlichen Käse über das Risotto reiben.
9. Legen Sie noch ein paar grüne Blätter oder Kräuter dazu, zum Beispiel Basilikum, Oregano oder Erbsensprossen.

Hering, Spargel und verlorene Eier

Frisch geangelter Hering, in etwas Butter gebraten – davon träumen wir Schweden beim Bootsurlaub im Sommer! Mehr als das braucht es nicht. Wer noch ein Gesundheitsalibi benötigt: Jeder Fisch enthält genauso viel Omega-3-Fettsäuren wie eine teure Kapsel. Also einfach reinbeißen, wie mein nordschwedischer Schwiegervater zu sagen pflegte.

4 Portionen

12–16 kleine grüne Heringe (in Schweden »strömming« genannt)
1 + 2 EL Salz
2 + 2 EL Essigessenz (12 % Säuregehalt)
4 Eier
12–16 grüne Spargelstangen
3 EL Butter
2 EL gehackte Schalotten
1 EL frisch geriebener Meerrettich
3 TL körniger Senf

1. Die Heringe am Bauch längs aufschneiden, ausnehmen und mit kaltem Wasser ausspülen. Auf einem Küchenpapier abtropfen lassen. Mit 1 Esslöffel Salz bestreuen.
2. 2 Liter Wasser in einem weiten Topf aufkochen, Essigessenz sowie 1 Esslöffel Salz hinzugeben.
3. Jeweils ein Ei in einem Glas aufschlagen. Das kochende Wasser von der Platte nehmen und mit einem Holzlöffel kleine Strudel in das siedende Wasser rühren.
4. Jeweils ein Ei ins Wasser gleiten lassen, dabei weiter Strudel rühren und das Ei gerinnen lassen.
5. Das Ei mit einem Löffel herausheben und durch vorsichtiges Drücken testen, ob es fertig ist. Es soll innen cremig gelb und außen fest weiß sein. Auf einem Küchenpapier abtropfen lassen.
6. Die holzigen Enden der Spargelstangen abschneiden.
7. Spargel bei hoher Temperatur rundum 2–3 Minuten grillen oder in einer trockenen Pfanne braten. Zur Seite stellen.
8. Eine gusseiserne Pfanne kräftig erhitzen. Die Heringe darin 2–3 Minuten auf jeder Seite braten. (Hier dürfen sie etwas Ruß abbekommen – in Schweden nennen wir sie »Schornsteinfeger«.)
9. Die Butter schmelzen, gehackte Schalotten, 2 Teelöffel Essig, geriebenen Meerrettich und Senf hinzufügen.
10. Die Heringe mit dem Spargel und verlorenen Eiern servieren. Mit der Butter-Senf-Vinaigrette beträufeln.

Tipp: Wenn gerade Bärlauchsaison ist, garnieren Sie die Heringe mit Blüten und Bärlauchblättern.

»Får i kål« –
Lamm mit Kohl und Senfkörnern

In meiner Kindheit behaupteten die Schafzüchter auf der Insel Öland, dass ihre Schafe die allerbesten seien, weil sie ihr Leben lang die guten Kräuter der Insel fraßen. Das kann stimmen. Gleichzeitig tragen sie auch zu der offenen Kulturlandschaft und einer großen ökologischen Vielfalt bei.

4 Portionen

12–16 Lammkoteletts (alternativ Lammkamm oder Lammfilets)
½ Kopf Wirsing
20 g Senfkörner
100 ml Essigessenz (12 % Säuregehalt)
200 ml Zucker
300 ml Wasser
2 rote Zwiebeln
2 Äpfel
2 EL Butter
1 EL Honig
6 Thymianzweige
Butter zum Braten
Salz
schwarzer Pfeffer, frisch gemahlen

1. 30 Minuten vor dem Braten die Lammkoteletts aus dem Kühlschrank nehmen.
2. 2 Liter Wasser mit 2 Esslöffel Salz aufkochen.
3. Schöne Wirsingblätter herauslösen und den Strunk darin mittig herausschneiden.
4. Wirsingblätter in kochendem Wasser 20–30 Sekunden blanchieren. In Eiswasser abschrecken.
5. Senfkörner, Essig, Zucker und Wasser in einen Topf geben. Aufkochen und 20 Minuten köcheln lassen. Die Senfkörner absieben.
6. Rote Zwiebeln schälen. Zwiebeln und Äpfel in Spalten schneiden. In einer heißen Pfanne in Butter goldbraun braten. Zum Schluss Honig und Thymian hinzufügen. Noch 1 Minute braten und Pfanne vom Herd nehmen.
7. Die Lammkoteletts mit Salz und Pfeffer würzen.
8. Butter in einer großen Pfanne zerlassen und die Koteletts in 2–3 Minuten auf jeder Seite medium oder nach Wunsch auch länger braten. (Es ist ratsam, nicht die gesamte Pfanne zu füllen, sondern die Koteletts in mehreren Durchgängen zu braten.)
9. Koteletts für 4–5 Minuten auf einer Platte warm stellen.
10. Wirsing mit 1 Esslöffel Wasser und einem Stich Butter aufwärmen und die Senfkörner unterrühren.
11. Das Gemüse mit den frisch gebratenen Lammkoteletts sowie den Zwiebeln und Äpfeln servieren.

OPINEL

Markknochen-Bouillon

Früher ließ man bei Schmorgerichten den Knochen im Topf mitgaren. Die trendige Markknochen-Bouillon ist also eigentlich keine neue Idee. Im Knochenmark ist die Konzentration von Protein, Mineralstoffen und fettlöslichen Vitaminen am allerhöchsten. Hier finden wir Glukosamin, das die Knorpelfunktion verbessert, Mineralstoffe wie Kalzium und Magnesium, die das Skelett stärken, sowie die Aminosäure Glycin, die eine beruhigende Wirkung haben soll.

4 Portionen

2 kg Markknochen
ca. 3 l Wasser
2 EL Apfelessig
2 Zwiebeln
½ Knoblauchzehe
4 Möhren
½ Stange Lauch
3 Lorbeerblätter
6 Thymianzweige
10 schwarze Pfefferkörner

1. Die Knochen im Ofen bei 200 °C 40–50 Minuten rösten; nach der Hälfte der Zeit einmal wenden.
2. Die gerösteten Knochen in einen Topf legen, mit Wasser bedecken und den Essig zugießen. 30 Minuten stehen lassen.
3. Aufkochen und 2 Stunden simmern lassen, dabei mehrmals gründlich abschäumen.
4. Zwiebeln, Knoblauch und das Gemüse schälen; in grobe Stücke von ca. 3 mal 3 Zentimeter schneiden.
5. Gemüse und Gewürze in den Topf geben.
6. Bei niedriger Temperatur weitersimmern lassen oder für 48 Stunden bei 95 °C in den Backofen stellen.
7. Abseihen.
8. Vor dem Servieren nochmals vorsichtig erhitzen.

ZURÜCK ZU DEN WURZELN

KAPITEL 14

Pilze – altes Wissen, neu interpretiert

Unsere Einstellung Pilzen gegenüber ändert sich gerade gehörig. Innerhalb kurzer Zeit sind Pilze als eines der trendigsten Nahrungsmittel für die Gesundheit buchstäblich aus dem Boden geschossen. Jetzt werden sie munter in verschiedenste Gerichte, Kaffeegetränke, Smoothies und Brühen gemixt.

Pilze waren jahrtausendelang ein Grundheilmittel, das jeder Medizinmann in seiner Tasche mit sich führte. In jüngeren Zeiten galten sie häufig als zwar geschmackvoll, aber nährstoffmäßig sinnlos.

Zwei Dinge erklären das neu erwachte Interesse:

- Pilze enthalten eine riesige Menge an Ballaststoffen, die wir nicht selbst aufnehmen können. Das wurde früher als Beweis dafür angesehen, dass sie ernährungsmäßig sinnlos waren. Jetzt wissen wir, dass die Ballaststoffe Nahrung für unsere Darmflora sind. Bis zu 60 Prozent des Trockengewichts von Pilzen besteht aus Ballaststoffen.

- In vielen Pilzarten gibt es biologisch aktive Substanzen, die jetzt aktiv erforscht werden, weil sie möglicherweise zur Immunstärkung beitragen sowie Herzerkrankungen, Krebs und Demenz entgegenwirken.

Neue wissenschaftliche Erkenntnisse deuten darauf hin, dass die Stoffe in den Pilzen das Nervensystem beeinflussen, indem sie die Neuronen im Gehirn schützen und stärken.

Trotz des Hypes müssen wir daran erinnern, dass die Wirkungsweise der Pilze auf die menschliche Gesundheit bei Weitem noch nicht so erforscht ist wie die von Gemüse, Beeren und Kräutern durch entsprechende Studien.

Fest steht aber bereits, dass Pilze eine interessante Proteinquelle darstellen und auch Mineralstoffe wie unter anderem Selen, Mangan, Zink, Kalzium und Eisen enthalten.

Aber – Warndreieck! – denken Sie daran: Wer selbst in der Natur Pilze sammeln will, muss sich unbedingt damit auskennen. Die meisten Pilze sind nicht essbar, einige sind absolut lebensgefährlich. Und auch essbare Pilze müssen häufig abgebrüht, gekocht oder gebraten werden.

Beta-Glucane in Pilzen

Pilze sind eine sehr gute Quelle für Beta-Glucane, Ballaststoffe, die sich ansonsten in Hafer und Gerste finden. Mehrfach hat sich in Studien gezeigt, dass sie das Immunsystem stärken, Entzündungen lindern, giftigen Bakterien und Viren entgegenwirken, sich positiv auf die Blutfette auswirken und sogar Krebs bekämpfen.

Der Gehalt an Beta-Glucanen in Pilzen ist unterschiedlich, bei Wildpilzen jedoch höher als bei Zuchtpilzen. Außerdem enthält der Pilzfuß meist etwas mehr als der Kopf.

Steinpilz – der König des Waldes

Der Steinpilz enthält nicht nur mehr Beta-Glucane als die meisten anderen Pilze. Eine im Jahr 2017 veröffentlichte Studie zeigte, dass der Steinpilz, gefolgt vom Maitake, auch den höchsten Gehalt an zwei sehr starken Antioxidantien aufweist. Viele Wissenschaftler glauben, dass diese eine entscheidende Wirkung auf die Gesundheit haben.

Während der Steinpilz, gefolgt vom Zitronenseitling, bei der Aminosäure Ergothionein den Spitzenplatz einnahm, enthielt der Maitake (Gemeiner Klapperschwamm) etwas mehr Glutathion. Hohe Werte der beiden als Antioxidans wirkenden Aminosäuren fand man auch im Austernseitling und im braunen Kräuterseitling, während sie bei Pfifferlingen, weißen und braunen Champignons sowie beim Portobello niedriger waren. Doch auch diese enthielten deutlich mehr als die meisten anderen Lebensmittel.

Das in fast allen Körperzellen enthaltene Antioxidans Glutathion ist für das Immunsystem wichtig, nicht zuletzt, wenn es darum geht, krebserregende Substanzen zu bekämpfen.

Die antioxidative Wirkung des Ergothionein ist seit Langem bekannt. Man wollte ihm sogar schon den Status eines Vitamins geben. Es sammelt sich vor allem in den Organen, die am meisten geschützt werden müssen: Blut, Leber, Nieren und Rückenmark. Biologisch betrachtet scheint die Substanz uralte Ahnen in unserem Körper zu haben. Ergothionein wirkt wie eine Art Leibgarde zur Verteidigung der Zellkraftwerke – der Mitochondrien – gegenüber radioaktiver Strahlung.

Denkbar wäre, dass wir und die Pilze vor 650 Millionen Jahren in der Evolution getrennte Wege einschlugen. Die These mag sich weit hergeholt anhören, erhält ihre Berechtigung aber durch die Tatsache, dass wir bei grundlegenden genetischen Funktionen Ähnlichkeiten haben, sodass diese Schutzwirkung möglicherweise mit einer gemeinsamen Vergangenheit in Zusammenhang steht.

Je mehr wir über uns lernen, desto deutlicher wird merkwürdigerweise, dass wir – genauso wie die Pilze – ein untrennbarer Teil des gesamten Lebens auf diesem Planeten hier sind. Je mehr wir verstehen, wie alles zusammenhängt und funktioniert, desto größer sind unsere Chancen, als Art zu überleben.

Steinpilz

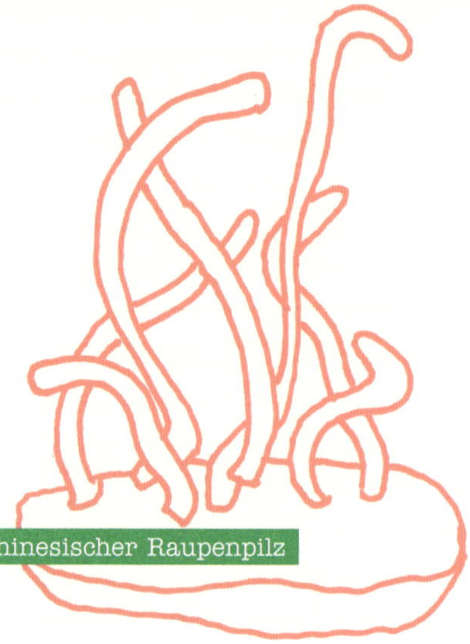

Fakten:

Trendige Superpilze

Gemeiner Klapperschwamm *(Grifola frondosa):* Auch als Maitake bekannter Superpilz mit dem derzeit größten Hype. Enthält viele Antioxidantien und wird in Japan und China seit Langem als Naturheilmittel angewandt. Entzündungshemmend.

Igel-Stachelbart *(Hericium erinaceus):* Wird seit Langem zur Stärkung des Immunsystems angewandt. In Asien bekannter Speisepilz, in Europa vom Aussterben bedroht.

Chinesischer Raupenpilz *(Ophiocordyceps sinensis):* Wird traditionell in China verwendet. Stärkt die Immunabwehr und wirkt gegen das Stresshormon Kortisol. Soll die Sauerstoffaufnahme erhöhen.

Glänzender Lackporling *(Ganoderma lingzhi):* Wird in Ostasien seit Jahrtausenden zur Stärkung des Immunsystems verwendet. Blutdrucksenkend, gut gegen Stress und für den Schlaf.

Tipp: Diese vier Superpilzarten sind selten und werden meist in Pulverform als Wellnesskost (zum Teil unter anderem Namen) verkauft. Neuere Forschungen belegen, dass auch andere Pilze durchaus positive Wirkung zeigen, darunter der Steinpilz, Pfifferlinge, Austernseitlinge, Shiitake und auch normale weiße Champignons sowie braune Riesenchampignons (Portobello).

Jetzt sind Sie dran!

Vermutlich haben Sie bei der Lektüre dieses Buches viele Aha-Erlebnisse gehabt. Vielleicht sind dabei einige neue Fragen aufgetaucht – noch gibt es nicht auf alles eine Antwort. Aber das, was wir wissen, reicht vollkommen aus, um loszulegen.

Vielleicht haben Sie bemerkt, dass viele der in jüngster Zeit vorgestellten wissenschaftlichen Erkenntnisse direkt oder indirekt die Ernährungsgewohnheiten traditioneller Kulturen, deren Menschen für ihre gute Gesundheit bekannt sind, in ihrer positiven Wirkungsweise bestätigen. Das finden wir gut. Das bedeutet nämlich, dass das, was Niklas und ich in diesem Buch berichten, erwiesenermaßen bei denjenigen Menschen funktioniert, die am ältesten werden.

Die wichtigste Botschaft überhaupt in diesem Zusammenhang lautet: Ernähren Sie sich nicht einseitig! Essen Sie ganz viele verschiedene Dinge. Dadurch nehmen Sie viele unterschiedliche Ballaststoffe zu sich. Die Chance, dass Ihre Darmbakterien mit allem versorgt sind, was sie benötigen, und Ihnen daher uneingeschränkt von Nutzen sind, ist so am größten.

Je mehr Arten von Darmbakterien Sie haben, umso stabiler wird Ihre Darmflora. In der Folge geht es auch Ihnen besser. Versuchen Sie, kein Nahrungsmittel komplett wegzulassen. Früher sagte man: Essen Sie Obst und Gemüse, am besten grünes Blattgemüse. Heute können wir das noch genauer präzisieren. Wir haben auf den folgenden Seite eine Checkliste zusammengestellt, anhand derer Sie Ihre Mahlzeiten nicht nur für Sie perfekt zubereiten können, sondern auch für Ihre Mikroben.

Die Basiszutaten – aus jeder Hauptgruppe sollte etwas dabei sein

Hülsenfrüchte: Kidneybohnen, schwarze Bohnen, braune Bohnen, Mungbohnen oder andere Bohnen, gelbe oder grüne Erbsen, Kichererbsen, Linsen.

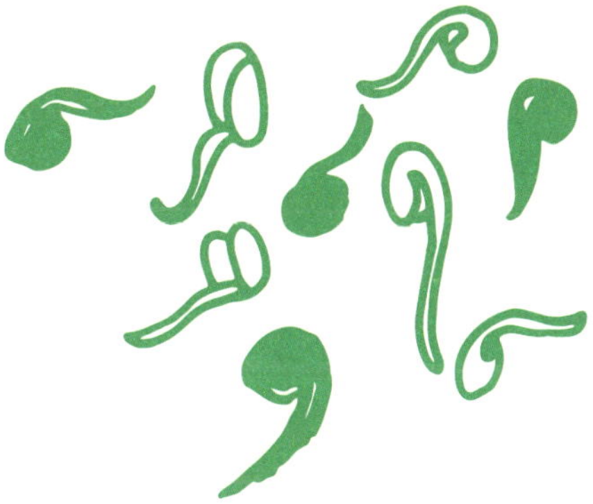

Vollkorn (gekocht, ganz oder grob geschrotet): Gerste, Hafer, Roggen, Buchweizen, Hirse, Quinoa, brauner Reis, Teff, Popcorn.

Wechseln Sie am besten zwischen Gerste, Hafer und Roggen ab, die jeweils unterschiedliche Ballaststoffe liefern. Wenn Sie keine Glutenintoleranz haben, können Sie wie früher zwischen verschiedenen Getreidesorten, Landweizensorten und Einkorn abwechseln, die nur wenig proinflammatorisches Gluten enthalten.

Kreuzblütengewächse: Brokkoli, Grünkohl, Pak Choi, Rosenkohl, Blumenkohl, Rotkohl, Meerrettich, Radieschen, Rüben, Brunnenkresse.

Blattgemüse: Spinat, Mangold, Rucola, Nesseln, Löwenzahn.

Zwiebelgewächse: Knoblauch, Frühlingszwiebel, rote Zwiebel, Speisezwiebel. Sie sind gute Inulin-Quellen (d. h., sie nähren die guten Mikroben); variieren Sie mit Topinambur oder grünen Bananen, wenn Sie mögen.

Toppings

Kalt gepresstes Olivenöl, Rapsöl oder ein anderes Fett, das so frisch und wenig verarbeitet ist wie möglich, gleichgültig, ob es sich um tierisches oder pflanzliches Fett handelt. Verzichten Sie ganz auf gehärtete Fette.

Kerne und Nüsse: Walnüsse, Paranüsse, Pekannüsse, Cashewkerne, Mandeln, Haselnüsse, Pistazien, Macadamianüsse, Erdnüsse (eigentlich eine Hülsenfrucht), Kürbiskerne, Sonnenblumenkerne, Chiasamen.

Vielfältige Varianten

Beeren (frisch, getrocknet oder tiefgekühlt): Preiselbeeren, Blaubeeren, Brombeeren, Goji-Beeren, rote Weintrauben, Erdbeeren, Himbeeren, Johannisbeeren, Kirschen.

Sonstiges Obst: Äpfel, Bananen, Melonen, Avocados (werden tatsächlich den Beeren zugeordnet), Ananas, Orangen, Feigen, Datteln, Pflaumen, Granatäpfel, Mangos, Kiwis.

Kräuter und Gewürze: Kurkuma, schwarzer Pfeffer, Ingwer, Oregano, Basilikum, Senfpulver, Thymian, Muskat, Gewürznelken, Koriander, Zimt – alle möglichst in Bio-Qualität.

Pilze: Steinpilze, Pfifferlinge, weiße und braune Champignons, Shiitake, Austernseitling, brauner Kräuterseitling, Gemeiner Klapperschwamm, Gemeiner Samtfußrübling.

Tipps!

Essen Sie jeden Tag Gemüse, das eine möglichst große Vielfalt an Ballaststoffen enthält.

Essen Sie jeden Tag etwas Fermentiertes, wie Sauerkraut, Kefir, andere Produkte mit Milchsäurebakterien oder vielleicht nichtpasteurisierten Käse.

Essen Sie in den Farben des Regenbogens. Gewöhnen Sie sich an, so viele Farben wie möglich auf den Tisch zu bringen. Wählen Sie beim Einkaufen Nahrungsmittel mit kräftigen Farben.

Essen Sie geschmacksintensives, kräftig duftendes Essen mit reichlich aromatischen Kräutern und Gewürzpflanzen.

Ermuntern Sie wo möglich Landwirte, Kultursorten von Gemüse mit leicht bitterem Geschmack anzubauen. Sprechen Sie Ihre Gemüsehändler darauf an und zeigen Sie Ihr großes Interesse an solchen Kultursorten. Suchen Sie sich Bauernhofläden und Bauernmärkte zum Einkaufen.

Fordern Sie sich selbst heraus, indem Sie jede Woche mindestens ein nicht bearbeitetes Nahrungsmittel zu sich nehmen, das Sie sonst eigentlich nicht essen!

Essen Sie bewusst und nicht im Gehen. Tun Sie nichts anderes, während Sie essen. Legen Sie beim Kauen die Gabel aus der Hand.

Cremige Schwarzwurzel-Tagliatelle mit Pilzen

Pilze sind ein uralter Bestandteil der nordischen Küche und liefern, wie wir nun wissen, viele gute Ballaststoffe. Die Schwarzwurzel wurde hingegen erst im 17. Jahrhundert für die Adelsschicht in Schweden importiert. Später nannte man diese Verwandte des Löwenzahns wegen ihres feinen Aromas den »Spargel des kleinen Mannes«.

4 Portionen

500 ml Champignons
1 Schalotte
300 ml Sahne
2 Lorbeerblätter
schwarzer Pfeffer, frisch gemahlen
Muskatnuss, frisch gemahlen
1 EL Butter
500 g Schwarzwurzeln
1 Zitrone
2 EL Petersilie, fein gehackt
2 EL Schnittlauch, fein gehackt
Salz

1. Pilze mit einer Pilzbürste von Sand und Erde befreien. 4–5 Pilze zur Seite legen, um sie später roh über die Tagliatelle zu hobeln.
2. Pilze für 15 Minuten in eine mit Wasser gefüllte Schüssel legen.
3. Schalotte mit Schale der Länge nach teilen und mit der Sahne, den Lorbeerblättern, dem schwarzen Pfeffer und der Muskatnuss in einen Topf geben.
4. Sahnemischung kurz aufkochen und dann bei niedriger Temperatur vorsichtig um die Hälfte der Flüssigkeit reduzieren. Lorbeerblätter herausfischen und Topf beiseitestellen.
5. Die Pilze vorsichtig aus dem Wasser nehmen.
6. Pilze in eine ungefettete Pfanne legen und die überschüssige Flüssigkeit bei starker Hitze verkochen lassen.
7. Wenn die Pfanne trocken ist, Butter hinzufügen und die Pilze goldbraun braten.
8. Die Sahnemischung mit den gebratenen Pilzen im Mixer cremig pürieren. Mit Salz abschmecken.
9. Schwarzwurzeln mit einem Kartoffelschäler schälen und sofort in kaltes Wasser mit ausgepresster Zitrone legen.
10. 3–4 Liter leicht gesalzenes Wasser zum Sieden bringen.
11. Die Schwarzwurzeln mit dem Kartoffelschäler in Tagliatelle-förmige Streifen hobeln.
12. Schwarzwurzeln 30 Sekunden im kochenden Wasser blanchieren.
13. Schwarzwurzeln durch ein Sieb abgießen und gut abdampfen lassen.
14. Pilzsahne mit Schwarzwurzel-Tagliatelle vermengen und mit gehackter Petersilie und Schnittlauch garnieren. Die restlichen rohen Champignons darüberhobeln.

Frische Beeren, ganze Roggenkörner und Honigmilch

Stärken Sie Ihr Immunsystem mit einem Boost aus frischen Beeren und dieser megaköstlichen Honigmilch. Die ganzen Roggenkörner liefern Ballaststoffe und haben Biss. Schlicht und einfach ein herrliches Frühstück!

4 Portionen

100 ml ganze Roggenkörner
300 ml gemischte Beeren
300 ml Milch, möglichst nicht pasteurisiert
2 Eigelb
1 EL Honig
Salz

1. Roggen laut Packungsanleitung kochen, er sollte gegart noch etwas Biss haben. In einem Sieb abkühlen lassen und mit kaltem Wasser abspülen.
2. Die Beeren verlesen.
3. Milch, Eigelb, Honig und Salz verrühren.
4. Die frischen Beeren zusammen mit Roggen und Honigmilch servieren.

Epilog

Wie Sie sehen, sind es keine komplizierten oder extremen Diäten, die unsere Gesundheit bestmöglich beeinflussen, sondern ganz normales, auf traditionellen familienfreundlichen Rezepten basierendes Essen. Komplizierter muss es gar nicht sein. Der entscheidende Schlüssel zum ersehnten Ziel ist eine Vielfalt von ballaststoffreichen Nahrungsmitteln, Farben und Geschmacksrichtungen. Kurz gesagt: eine Ernährung, die Sie, Ihre Geschmacksknospen und Ihre Milliarden Darmbakterien gleichermaßen glücklich und zufrieden macht.

Allerdings stehen wir aktuell an einer Weggabelung, an der es – zumindest nach unserer Meinung – gilt, gesundes, bewusstes Essen und die Mahlzeiten in ihrer ganzen Wichtigkeit zu verteidigen.

Der eine Weg wird durch großzügige Forschungsgelder gefördert und führt zu massenhaften probiotischen Heilmitteln. Hierbei werden unsere Darmflora und unser Immunsystem durch individuell auf uns abgestimmten Zusatz einzelner Bakterien stabilisiert. Folgen wir dieser Einbahnstraße, werden Ernährung und Medizin immer stärker von der Pharmaindustrie dominiert werden.

Der zweite, schmalere Weg wird in deutlich geringerem Maße gefördert und gerät dadurch in Gefahr, aus dem Blickfeld der Öffentlichkeit zu verschwinden. Hier geht es darum, alte Kulturpflanzensorten mit einem höheren Gehalt an Antioxidantien und anderen biologisch aktiven Substanzen zu reaktivieren. Eine weitere Zielsetzung ist es, die biologische Vielfalt der Natur zu bewahren, damit es uns und unserer Umwelt besser geht.

Diesen zweiten Weg wollen wir einschlagen, in der Hoffnung, dass Sie und ich und das Essen glücklicher sind – und unser Planet etwas harmonischer wird.

Rezeptregister

Suppen

Brot

Beilagen und Snacks

Textregister

L

M

N

O

P

Q

R

S

T

V

W

Y

Z

Literaturhinweise

TEIL I

Kapitel 1: Völlig neue Erkenntnisse

Bordenstein SR et al: Host Biology in Light of the Microbiome: Ten Principles of Holobionts and Hologenomes. PLoS Biol. 18. Aug 2015; 13(8):e1002226. doi: 10.1371/journal.pbio.1002226. eCollection 2015 Aug.

El Kaoutari, Abdessamad et al: The abundance and variety of carbohydrate-active enzymes in the human gut microbiota, Nature Reviews Microbiology volume 11, S. 497–504 (2013).

Knight, Rob: Follow your gut – The enormous impact of tiny microbes, 2015.

Kapitel 2: Gestatten: Ihre Darmflora

Cryan, John & Dinan, Ted: The psychobiotic revolution, 2018.

Cryan, John; Vorlesung in Bethesda, Juli 2017.

Falony G et al: Population-level analysis of gut microbiome variation. Science. 29. April 2016; 352(6285):560–564. doi: 10.1126/science.aad3503. Epub 2016 Apr 28.

Fletcher, Joshua R et al: Shifts in the Gut Metabolome and Clostridium difficile Transcriptome throughout Colonization and Infection in a Mouse Model, mSphere Mar 2018, doi: 10.1128/mSphere.00089-18.

Kapitel 3: Eins mit der Natur

Haahtela, T. (2009): Allergy is rare where butterflies flourish in a biodiverse environment. Allergy, 64: 1799–1803. doi:10.1111/j.1398-9995.2009.02246.x

Prescott, Susan & Logan, Alan: The secret life of your microbiome, 2017.

Prescott, Susan; Rede bei der ISNPR: Konferenz in Washington, Juli 2017.

Twohig-Bennett, Caoimhe: The health benefits of the great outdoors: A systematic review and meta-analysis of greenspace exposure and health outcomes, Environmental Research, Volume 166, Oktober 2018, S. 628 – 637.

WHO: Connecting global priorities: biodiversity and human health: a state of knowledge review, 2015.

Kapitel 4: Schwindelerregende Spitzenforschung

Bach JF et al: The effect of infections on susceptibility to autoimmune and allergic diseases. N Engl J Med. 19. September 2002; 347(12):911–920.

Blaser, Martin: Missing microbes – How the overuse of antibiotics is fueling our modern plagues, 2014.

Borlée F et al: Residential proximity to livestock farms is associated with a lower prevalence of atopy, Occup Environ Med Published Online First: 30. April 2018. doi:10.1136/oemed-2017-104769.

Clemente JC et al: The microbiome of uncontacted Amerindians. Sci Adv. 3. April 2015; 1(3) pii: e1500183.

Handelsman, Jo: tal vid AAAS-konferens i Austin Texas, Februar 2018.

Knight, Rob; Interview in Austin Texas im Februar 2018.

Knight, Rob & Gilbert, Jack: Dirt is good – The advantage of germs for your child´s developing immune system, 2017.

Martínez I et al: The gut microbiota of rural papua new guineans: Composition, diversity patterns, and ecological processes. Cell Rep. 28. April 2015; 11(4):527-38. doi: 10.1016/j.celrep.2015.03.049. Epub 2015 Apr 16.

Strachan DP: Hay fever, hygiene, and household size. BMJ. 1989 Nov 18;299(6710):1259–1260.

Kapitel 5: Was beeinflusst Ihre Darmflora am meisten?

Atarishi K et al: Ectopic colonization of oral bacteria in the intestine drives TH1 cell induction and inflammation. Science, 2017. doi: 10.1126/science.aan4526.

Clarke SF et al: Exercise and associated dietary extremes impact on gut microbial diversity. Gut. Dezember 2014; 63(12):1913-20. doi: 10.1136/gutjnl-2013-306541. Epub 2014 Jun 9.

Collado MC, Engen PA, Bandín C, et al: Timing of food intake impacts daily rhythms of human salivary microbiota: a randomized, crossover study. FASEB J. 2018. doi: 10.1096/fj.201700697RR.

Dao MC et al: Akkermansia muciniphila and improved metabolic health during a dietary intervention in obesity: relationship with gut microbiome richness and ecology. Gut. März 2016; 65(3):426-36. doi: 10.1136/gutjnl-2014-308778. Epub 2015 Jun 22.

Egervärn, Maria et al: Risk- och nyttoprofil – Interaktioner mellan maten och tarmfloran – en övergripande sammanställning av kunskapsläget, Livsmedelsverket, 2018.

Fei N et al: An opportunistic pathogen isolated from the gut of an obese human causes obesity in germfree mice. ISME J. 2013 Apr;7(4):880-4. doi: 10.1038/ismej.2012.153. Epub 2012 Dec 13.

Jakubowicz, D et al: Influences of Breakfast on Clock Gene Expression and Postprandial Glycemia in Healthy Individuals and Individuals With Diabetes: A Randomized Clinical Trial, Diabetes Care 40(11):dc162753, August 2017.

Karl, J.P. et al: Changes in intestinal microbiota composition and metabolism coincide with increased intestinal permeability in young adults under prolonged physiological stress, American Journal of Physiology – Gastrointestinal and Liver Physiology, Band 312, Ausgabe 6, Juni 2017, S. G559 – G571.

Kato-Kataoka et al: Fermented milk containing Lactobacillus casei strain Shirota prevents the onset of physical symptoms in medical students under academic examination stress Benef. Microbes, 7 (2016), S. 153–156.

Knowles SR et al: Investigating the role of perceived stress on bacterial flora activity and salivary cortisol secretion: A possible mechanism underlying susceptibility to illness. Biological psychology, 77, no. 2 (Februar 2008): 132-37.

Kuno T et al: Reduction in hepatic secondary bile acids caused by short-term antibiotic-induced dysbiosisdecreases mouse serum glucose and triglyceride levels. Sci Rep. 19. Januar 2018; 8(1):1253. doi: 10.1038/s41598-018-19545-1.

Lyall, Laura M et al: Association of disrupted circadian rhythmicity with mood disorders, subjective wellbeing, and cognitive function: a cross-sectional study of 91 105 participants from the UK Biobank, The Lancet Psychiatry, Publicerad online 15 maj.

Mach, Núria et al: Endurance exercise and gut microbiota – A review, Journal of Sport and Health Science, Volume 6, Issue 2, June 2017, S. 179–197.

Maier L et al: Extensive impact of non-antibiotic drugs on human gut bacteria. Nature. 2018 Mar 29;555(7698):623-628. doi: 10.1038/nature25979. Epub 2018 Mar 19.

Maier TV et al: Impact of Dietary Resistant Starch on the Human Gut Microbiome, Metaproteome, and Metabolome. MBio. 2017 Okt 17;8(5). pii: e01343-17. doi: 10.1128/mBio.01343-17.

Mozaffarian D et al: Changes in diet and lifestyle and long-term weight gain in women and men. N Engl J Med. 2011 Jun 23;364(25):2392-404. doi: 10.1056/NEJMoa1014296.

Senthong, Vichai et al: Trimethylamine N-Oxide and Mortality Risk in Patients with Peripheral Artery Disease, Journal of the American Heart Association. 2016; 5:e004237 (Erstveröffentlichung 19. Oktober 2016).

Tramontano M et al: Nutritional preferences of human gut bacteria reveal their metabolic idiosyncrasies. Nat Microbiol. April 2018; 3(4):514–522. doi: 10.1038/s41564-018-0123-9. Epub 2018 Mar 19.

Vandeputte D et al: Stool consistency is strongly associated with gut microbiota richness and composition, enterotypes and bacterial growth rates. Gut. 2016 Jan;65(1):57-62. doi: 10.1136/gutjnl-2015-309618. Epub 2015 Jun 11.

Wilck N et al: Salt-responsive gut commensal modulates TH17 axis and disease. Nature. 2017 Nov 30;551(7682):585–589. doi: 10.1038/nature24628. Epub 2017 Nov 15.

Wu, Gary D. et al: Linking Long-Term Dietary Patterns with Gut Microbial Enterotypes, Science. 7. Oktober 2011; 334(6052): 105–108. Publicerad online 2011 Sep 1. doi: 10.1126/science.1208344.

Zhu W et al; Gut Microbe-Generated Trimethylamine N-Oxide From Dietary Choline Is Prothrombotic in Subjects. Circulation. 25. April 2017; 135(17):1671-1673. doi: 10.1161/CIRCULATIONAHA.116.025338.

Kapitel 6: Ein sensibles Thema: die Ernährung

Blitz J et al: The Risk of Chronic Gastrointestinal Disorders Following Acute Infection with Intestinal Parasites. Front Microbiol. 23. Januar 2018; 9:17. doi: 10.3389/fmicb.2018.00017. eCollection 2018.

Clark, William F et al: The Walkerton health study 2002–2008. Final report. Submitted to the Ontario Ministry of Health and Long-Term Care.

Desai MS et al; A Dietary Fiber-Deprived Gut Microbiota Degrades the Colonic Mucus Barrier and Enhances Pathogen Susceptibility. Cell. 17. November 2016; 167(5):1339–1353.e21. doi: 10.1016/j.cell.2016.10.043.

Dicksved J et al; Susceptibility to Campylobacter infection is associated with the species composition of the human fecal microbiota. MBio. 16. September 2014; 5(5):e01212-14. doi: 10.1128/mBio.01212-14.

Ennart, Henrik & Nilsson Mats-Eric: Döden i grytan: om vår rädsla för riktig mat, 2010.

Hanevik, K et al: Irritable bowel syndrome and chronic fatigue 6 years after giardia infection: a controlled prospective cohort study. Clin Infect Dis. 15. November 2014; 59(10):1394–1400. doi: 10.1093/cid/ciu629. Epub 2014 Aug 12.

Litleskare, Sverre et al: Prevalence of Irritable Bowel Syndrome and Chronic Fatigue 10 Years After Giardia Infection, Clinical Gastroenterology and Hepatology, 2018, ISSN 1542-3565.

Marshall JK et al: Eight year prognosis of postinfectious irritable bowel syndrome following waterborne bacterial dysentery. Gut. Mai 2010; 59(5):605–611. doi: 10.1136/gut.2009.202234.

Marshall JK et al: Intestinal permeability in patients with irritable bowel syndrome after a waterborne outbreak of acute gastroenteritis in Walkerton, Ontario. Aliment Pharmacol Ther. Dezember 2004; 20(11-12):1317–1322.

Marshall JK et al: Incidence and epidemiology of irritable bowel syndrome after a large waterborne outbreak of bacterial dysentery. Gastroenterology. August 2006; 131(2):445–450; quiz 660.

Shankar S. et al: Dietary and Microbial Oxazoles Induce Intestinal Inflammation by Modulating Aryl Hydrocarbon Receptor Responses, Cell , 2018, Band 173 , Ausgabe 5, 1123 – 1134.e11

Spiller, R et al: Increased rectal mucosal enteroendocrine cells, T lymphocytes, and increased gut permeability following acute Campylobacter enteritis and in post-dysenteric irritable bowel syndrome, Gut. Dezember 2000; 47(6): 804–811. doi: 10.1136/gut.47.6.804.

Thabane M et al: An outbreak of acute bacterial gastroenteritis is associated with an increased incidence of irritable bowel syndrome in children. Am J Gastroenterol. April 2010; 105(4):933–939. doi: 10.1038/ajg.2010.74. Epub 2010 Feb 23.

Verdu EF et al: Chronic gastrointestinal consequences of acute infectious diarrhea: evolving concepts in epidemiology and pathogenesis. Am J Gastroenterol. Juli 2012; 107(7):981–989. doi: 10.1038/ajg.2012.65. Epub 2012 Apr 17.

Yang WH et al: Recurrent infection progressively disables host protection against intestinal inflammation. Science. 22. Dezember 2017; 358(6370). pii: eaao5610. doi: 10.1126/science.aao5610.

Kapitel 7: Essen und Befinden

Arvidsson L et al: Bidirectional associations between psychosocial well-being and adherence to healthy dietary guidelines in European children: prospective findings from the IDEFICS study. BMC Public Health. 14. Dezember 2017; 17(1):926. doi: 10.1186/s12889-017-4920-5.

Bercik P et al: The anxiolytic effect of Bifidobacterium longum NCC3001 involves vagal pathways for gut-brain communication. Neurogastroenterol Motil. Dezember 2011; 23(12):1132–1139. doi: 10.1111/j.1365-2982.2011.01796.x. Epub 2011 Okt 11.

Burokas A et al: Targeting the Microbiota-Gut-Brain Axis: Prebiotics Have Anxiolytic and Antidepressant-like Effects and Reverse the Impact of Chronic Stress in Mice. Biol Psychiatry. 1. Oktober 2017; 82(7):472–487. doi: 10.1016/j.biopsych.2016.12.031. Epub 2017 Feb 24.

Gangwisch JE et al: High glycemic index diet as a risk factor for depression: analyses from the Women's Health Initiative. Am J Clin Nutr. August 2015; 102(2):454–463. doi: 10.3945/ajcn.114.103846. Epub 2015 Jun 24.

Hetrick SE et al: Newer generation antidepressants for depressive disorders in children and adolescents. Cochrane Database Syst Rev. 14. November 2012; 11:CD004851. doi: 10.1002/14651858.CD004851.pub3.

Jacka Felice N et al: Western diet is associated with a smaller hippocampus: a longitudinal investigation. BMC Med. 8. September 2015; 13:215. doi: 10.1186/s12916-015-0461-x.

Jacka FN et al: A randomised controlled trial of dietary improvement for adults with major depression (the 'SMILES' trial). BMC Med. 2017 Jan 30;15(1):23. doi: 10.1186/s12916-017-0791-y.

Jacka FN et al: Association of Western and traditional diets with depression and anxiety in women. Am J Psychiatry. März 2010; 167(3):305–311. doi: 10.1176/appi.ajp.2009.09060881. Epub 2010 Jan 4.

Jacka FN et al: The association between habitual diet quality and the common mental disorders in community-dwelling adults: the Hordaland Health study. Psychosom Med. Juli/August 2011; 73(6):483–490. doi: 10.1097/PSY.0b013e318222831a. Epub 2011 Jun 28.

Jakobsen JC et al: Selective serotonin reuptake inhibitors versus placebo in patients with major depressive disorder. A systematic review with meta-analysis and Trial Sequential Analysis. BMC Psychiatry. 8. Februar 2017; 17(1):58. doi: 10.1186/s12888-016-1173-2.

Kalliomäki M et al: Probiotics in primary prevention of atopic disease: a randomised placebo-controlled trial. Lancet. 7. April 2001;357(9262):1076–1079.

Koloski NA et al: The brain–gut pathway in functional gastrointestinal disorders is bidirectional: a 12-year prospective population-based study, Gut 2012;61:1284–1290.

Li Y et al: Dietary patterns and depression risk: A meta-analysis. Psychiatry Res. Juli 2017; 253:373-382. doi: 10.1016/j.psychres.2017.04.020. Epub 2017 Apr 11. Review.

Lucas M et al: Inflammatory dietary pattern and risk of depression among women. Brain Behav Immun. Februar 2014; 36:46–53. doi: 10.1016/j.bbi.2013.09.014. Epub 2013 Okt 1.

Molendijk M et al: Diet quality and depression risk: A systematic review and dose-response meta-analysis of prospective studies. J Affect Disord. 15. Januar 2018; 226:346–354. doi: 10.1016/j.jad.2017.09.022. Epub 2017 Sep 23.

Mozaffarian D et al: Dietary guidelines and health – Is nutrition science up to the task? BMJ. 16. März 2018; 360:k822. doi: 10.1136/bmj.k822.

Naseribafrouei, A. et al: Correlation Between the Human Fecal Microbiota and Depression, Neurogastroenterology and Motility: The Official Journal of the European Gastrointestinal Motility Society 26, Nr. 8 (August 2014): 1155–1162.

Parletta N et al: A Mediterranean-style dietary intervention supplemented with fish oil improves diet quality and mental health in people with depression: A randomized controlled trial (HELFIMED). Nutr Neurosci. 7. Dezember 2017: 1-14. doi: 10.1080/1028415X.2017.1411320

Rachelle S. Opie et al: A modified Mediterranean dietary intervention for adults with major depression: Dietary protocol and feasibility data from the SMILES trial, Nutritional Neuroscience, Publicerad online: 19. April 2017.

Reichenberg A et al: Cytokine-associated emotional and cognitive disturbances in humans. Arch Gen Psychiatry. Mai 2001; 58(5):445–452.

Rook, G. A. et al: Microbiota, Immunoregulatory Old Friends and Psychiatric Disorders, Advances in Experimental Medicine and Biology 817 (2014): 319–356.

Rook, Graham et al. Evolution, human-microbe interactions, and life history plasticity, The Lancet, Band 390, Ausgabe 10093 , 521–530.

Sánchez-Villegas A et al: Association of the Mediterranean dietary pattern with the incidence of depression: the Seguimiento Universidad de Navarra/University of Navarra follow-up (SUN) cohort. Arch Gen Psychiatry. Oktober 2009; 66(10):1090–1098. doi: 10.1001/archgenpsychiatry.2009.129.

Sánchez-Villegas, Almudena et al: Mediterranean dietary pattern and depression: the PREDIMED randomized trial, BMC Med. 2013; 11: 208. Online veröffentlicht 20. September 2013. doi: 10.1186/1741-7015-11-208.

Sarris J et al: International Society for Nutritional Psychiatry Research consensus position statement: nutritional medicine in modern psychiatry. World Psychiatry. Oktober 2015; 14(3):370–371. doi: 10.1002/wps.20223.

Schuppner R et al: Neurological Sequelae in Adults After E coli O104: H4 Infection-Induced Hemolytic-Uremic Syndrome. Medicine (Baltimore). Februar 2016; 95(6):e2337. doi: 10.1097/MD.0000000000002337.

Tabung FK et al: The association between dietary inflammatory index and risk of colorectal cancer among postmenopausal women: results from the Women's Health Initiative. Cancer Causes Control. März 2015; 26(3):399–408. doi: 10.1007/s10552-014-0515-y. Epub 2014 Dec 31.

TEIL II

Kapitel 8: Mit Erfolg aufgetischt

Nilsson, Mats-Eric: Måltidens magi – om matbordets hotade gemenskap, 2017.

Perofsky AC et al: Hierarchical social networks shape gut microbial composition in wild Verreaux's sifaka. Proc Biol Sci. 6. Dezember 2017; 284(1868). pii: 20172274. doi: 10.1098/rspb.2017.2274.

Pollan, Michael: Cooked – a natural history of transformation, 2014.

Wrangham, Richard: Catching fire – How cooking made us human, 2009.

Kapitel 9: Wie essen Sie eigentlich?

Stahl, B. & Goldstein, E.: A mindfulness-based stress reduction workbook, 2010.

Warren JM et al: A structured literature review on the role of mindfulness, mindful eating and intuitive eating in changing eating behaviours: effectiveness and associated potential mechanisms. Nutr Res Rev. Dezember 2017; 30(2):272–283. doi: 10.1017/S0954422417000154. Epub 2017 Jul 18.

Winkens LHH et al: Associations of mindful eating domains with depressive symptoms and depression in three European countries. J Affect Disord. 1. März 2018; 228:26–32. doi: 10.1016/j.jad.2017.11.069. Epub 2017 Nov 14.

Winkens LHH et al: The Mindful Eating Behavior Scale: Development and Psychometric Properties in a Sample of Dutch Adults Aged 55 Years and Older. J Acad Nutr Diet. 11. April 2018. pii: S2212-2672(18)30145-X. doi: 10.1016/j.jand.2018.01.015.

Kapitel 10: Das schmeckt Groß und Klein

Bian G et al: The Gut Microbiota of Healthy Aged Chinese Is Similar to That of the Healthy Young. mSphere. 27. September 2017; 2(5). pii: e00327-17. doi: 10.1128/mSphere.00327-17. eCollection 2017 Sep-Okt.

Kumar M et al: Human gut microbiota and healthy aging: Recent developments and future prospective. Nutr Healthy Aging. 27. Oktober 2016; 4(1):3–16. doi: 10.3233/NHA-150002.

Pechal JL et al: A large-scale survey of the postmortem human microbiome, and its potential to provide insight into the living health condition. Sci Rep. 10. April 2018; 8(1):5724. doi: 10.1038/s41598-018-23989-w.

Kapitel 11: Gefühlsstürme

Bègue L et al: Omega-3 supplements reduce self-reported physical aggression in healthy adults. Psychiatry Res. März 2018; 261:307–311. doi: 10.1016/j.psychres.2017.12.038. Epub 2017 Dec 15.

Gesch B: Adolescence: Does good nutrition = good behaviour? Nutr Health. Januar 2013; 22(1):55–65. Epub 2014 Feb 4.

Gesch CB: Influence of supplementary vitamins, minerals and essential fatty acids on the antisocial behaviour of young adult prisoners. Randomised, placebo-controlled trial. Br J Psychiatry. Juli 2002; 181:22–28.

Zaalberg A et al: Effects of nutritional supplements on aggression, rule-breaking, and psychopathology among young adult prisoners. Aggress Behav. März/April 2010; 36(2): 117–126. doi: 10.1002/ab.20335.

Kapitel 12: Wir sind alle verschieden

Zeevi, D et al: Personalized Nutrition by Prediction of Glycemic Responses. Cell. 19. November 2015; 163(5):1079–1094. doi: 10.1016/j.cell.2015.11.001.

Kapitel 13: Nordisch angehaucht

Anderson JJ et al: Diet Quality-The Greeks Had It Right! Nutrients. 14. Oktober 2016; 8(10). pii: E636.

Dahiya, Sonia: Role of phytate and phytases in human nutrition, International Journal of Food Science and Nutrition ISSN: 2455-4898 www.foodsciencejournal.com Volume 1; Issue 1; Januar 2016; S. 39–42.

DiGirolamo Ann M et al: Role of zinc in maternal and child mental health, The American Journal of Clinical Nutrition, Band 89, Ausgabe 3, 1. März 2009, S. 940S–945S, https://doi.org/10.3945/ajcn.2008.26692C.

Ford CT et al: Identification of (poly)phenol treatments that modulate the release of pro-inflammatory cytokines by human lymphocytes. Br J Nutr. 28. Mail 2016; 115(10):1699–1710. doi: 10.1017/S0007114516000805. Epub 2016 Mar 17.

Gupta, Raj Kishor et al: Reduction of phytic acid and enhancement of bioavailable micronutrients in food grains, J Food Sci Technol. Februar 2015; 52(2): 676–684. Online veröffentlicht 24. April 2013. doi: 10.1007/s13197-013-0978-y.

Harach T et al: Reduction of Abeta amyloid pathology in APPPS1 transgenic mice in the absence of gut microbiota. Sci Rep. 8. Februar 2017; 7:41802. doi: 10.1038/srep41802. Erratum in: Sci Rep. 2017 Jul 10;7:46856.

Healey G et al: Habitual dietary fibre intake influences gut microbiota response to an inulin-type fructan-prebiotic: a randomised, double-blind, placebo-controlled, cross-over, humanintervention study. Br J Nutr. Januar 2018; 119(2):176–189. doi: 10.1017/S0007114517003440. Epub 2018 Jan 8.

Hellsten, Alies; Vete då och nu: Släktskap och mineralkoncentration, Institutionen för molekylära vetenskaper, SLU, 2017:18 Uppsala, 2017.

Johansson, EV et al: Effects of indigestible carbohydrates in barley on glucose metabolism appetite and voluntary food intake over 16 h in healthy adults, Nutr J. 11. April 2013; 12:46. doi: 10.1186/147528911246.

Li Z et al; Dietary zinc and iron intake and risk of depression: A meta-analysis. Psychiatry Res. Mai 2017; 251:41–47. doi: 10.1016/j.psychres.2017.02.006. Epub 2017 Feb 3.

Prykhodko, Olena et al: Impact of Rye Kernel-Based Evening Meal on Microbiota Composition of Young Healthy Lean Volunteers With an Emphasis on Their Hormonal and Appetite Regulations, and Blood Levels of Brain-Derived Neurotrophic Factor, Front. Nutr. | doi: 10.3389/fnut.2018.00045.

The 2015 European Union report on pesticide residues in food, EFSA Journal: 11 April 2017.

Zhao, Liping et al: Gut bacteria selectively promoted by dietary fibers alleviate type 2 diabetes, Science 09 März 2018: Band 359, Ausgabe 6380, S. 1151–1156 DOI: 10.1126/science.aao5774.

Kapitel 14: Zurück zu den Wurzeln

Ferrão J. et al: Impact of Mushroom Nutrition on Microbiota and Potential for Preventative Health. Journal of Food and Nutrition Research, Band 5, Nr. 4 (2017): 226–233. doi: 10.12691/jfnr-5-4-4.

Kalaras MD et al: Mushrooms: A rich source of the antioxidants ergothioneine and glutathione. Food Chem. 15. Oktober 2017; 233:429–433. doi: 10.1016/j.foodchem.2017.04.109. Epub 2017 Apr 20.

Sari, Miriam et al: Screening of beta-glucan contents in commercially cultivated and wild growing mushrooms, Food Chemistry 216 (2017) 45–51.